文学经典记忆

作家出版社首版珍藏图书选

SELECTED FIRST EDITION WORKS BY WRITERS PUBLISHING HOUSE

作家出版社
WRITERS PUBLISHING HOUSE
(1954-1964)

图书在版编目（CIP）数据

文学经典记忆:作家出版社首版珍藏图书选/作家出版社编.-北京：作家出版社，2011.11

　　ISBN 978-7-5063-6158-3

　Ⅰ．①文…Ⅱ.① 作… Ⅲ. ①中国文学：当代文学-作品综合集Ⅳ.①I217.1

中国版本图书馆CIP数据核字（2011）第231761号

文学经典记忆：作家出版社首版珍藏图书选

出 品 人：何建明

编　　者：作家出版社

责任编辑：罗静文

资料收集：原文竹

装帧设计：印水堂

出版发行：作家出版社

社　　址：北京农展馆南里10号　　　　邮　编：100125

电话传真：86—10—65930756（出版发行部）

　　　　　86—10—65004079（总编室）

　　　　　86—10—65015116（邮购部）

E- mail：zuojia@zuojia.net.cn

http：//www.haozuojia.com（作家在线）

印刷：北京尚唐印刷包装有限公司

成品尺寸：210×285

印张：12.5

版次：2011年11月第1版

印次：2011年11月第1次印刷

ISBN 978-7-5063-6158-3

定价：99.00元

Preface 序

　　什么是珍贵的记忆？我想应该是属于不朽的东西。文学的珍贵记忆，应该是那些由作家们创作出的经典作品。在现代文明时代，作家们的作品是由印刷物来完成这种记忆的。中华民族传统文化里，文学的经典占据了重要部分，这是令我们从事文学工作的人感到永远骄傲的。

　　那么我可以这样说：在历代中国诸多不朽的文学记忆里，新中国之后成立的象征当代文学最高水准之一的作家出版社所出版的众多经典作品，就是属于这些令人感到骄傲的精品之精品。

　　可以用长长的一串名单将其列出：郭沫若的《潮汐集》、巴金的《贤良桥畔》、茅盾的《工潮》、田汉的《白蛇传》、臧克家的《春风集》、吴晗的《投枪集》、赵朴初的《滴水集》、谢觉哉的《不惑集》、叶圣陶的《箧存集》、冰心的《拾穗小札》、老舍的《上任》、萧军的《过去的年代》、郭小川的《致青年公民》、杨沫的《青春之歌》、冯德英的《苦菜花》、李准的《李双双》、李英儒的《野火春风斗古城》、浩然的《艳阳天》、李晓明、韩安庆的《平原枪声》、周立波的《山乡巨变》、贺敬之的《乡村的夜》、阿英的《李闯王》、冯雪峰的《寓言》、刘白羽《火炬与太阳》、魏巍的《春天漫笔》、白刃的《战斗到明天》、草明的《火车头》、李季的《玉门诗抄》、田间的《英雄战歌》、高士其的《科学诗》、康濯的《东方红》、玛拉沁夫的《花的草原》、周而复的《上海的早晨》……

　　她们代表了一个时代，一个永远让我们记忆的文学时代，这个时代的文学，奠定了新中国整个文学事业的根基与方向，她所起的作用将是漫长而久远的辉煌。把这份不朽的文学记忆用这部印刷体来固定起来，我想既是对先辈的敬意，也是对未来的期待，更是对文学永久的心仪。

　　捧之这本文学记忆，我们都会产生内心的一阵阵热感，还有激情和沉思。

作家出版社社长 何建明

2011年11月11日

序 Preface

What are precious memories? I think they would be the immortality. And the precious memories of literature, should be those classics. In modern times, literature works are printed and reserved as publications. In the traditional Chinese culture, classic literature plays a significant role, which makes our professional writers feel quite proud.

We may say that in numerous Chinese outstanding literature works, those published by Writers Publishing House who has a history of more than fifties years, and represent the highest level of Chinese modern literature, can be attributed to classic.

For instance, *The Tide* by Guo Moruo, *Side of Xianliang Bridge* by Ba Jin, *Strike Movement* by Mao Dun, *The Story of White Snake* by Tian Han, *The Spring Breeze* by Zang Kejia, *Throwing the Gun* by Wu Han, *A Drop of Water* by Zhao Puchu, *Without Confusion* by Xie Juezai, *Collection of Poems* by Ye Shengtao, *Notes on Gleanings* by Bing Xin, *Taking A Post* by Lao She, *The Past Times* by Xiao Jun, *To Young Citizens* by Guo Xiaochuan, *Song of the Youth* by Yang Mo, *Bitter Herb* by Feng Deying, *Li Shuangshuang* by Li Zhun, *Wild Fire, Spring Wind and An Old Town* by Li Yingru, *Bright Sunny Sky* by Hao Ran, *Gun Shot From the Plain* by Li Xiaoming and Han Anqing, *The Great Changes of Mountain Village* by Zhou Libo, *Nights in the Country* by He Jingzhi, *Li the Bold* by A Ying, *Fable* by Feng Xuefeng, *Torch and Sun* by Liu Baiyu, *Essays on Spring* by Wei Wei, *Fighting till Tomorrow* by Bai Ren, *The locomotive* by Cao Ming, *Yumen Poems* by Li Ji, *Battle Song of Heroes* by Tian Jian, *Scientific Poems* by Gao Shiqi, *The East Is Red* by Kang Zhuo, *Prairie of Flowers* by Mala Qinfu, and *Shanghai in the Morning* by Zhou Erfu.

They stand for a time that we will always remember, by laying a strong foundation and indicating the development direction of modern Chinese literature, their effects are long lasting and profound. Compiling and publishing these classic works as immortal literary memories, not only shows our respect to those predecessor authors, but also high expectation for future and forever love to literature.

Holding this book as an eternal memory of literature, we will all feel heartily touched, passionate and thought compelling.

He Jianming President of Writers Publishing House

November 11, 2011

鲁迅

郭沫若

茅盾

巴金

老舍

曹禺

目录

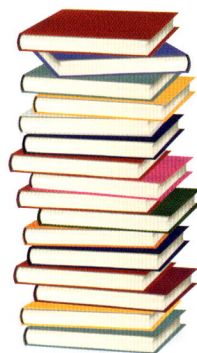

7

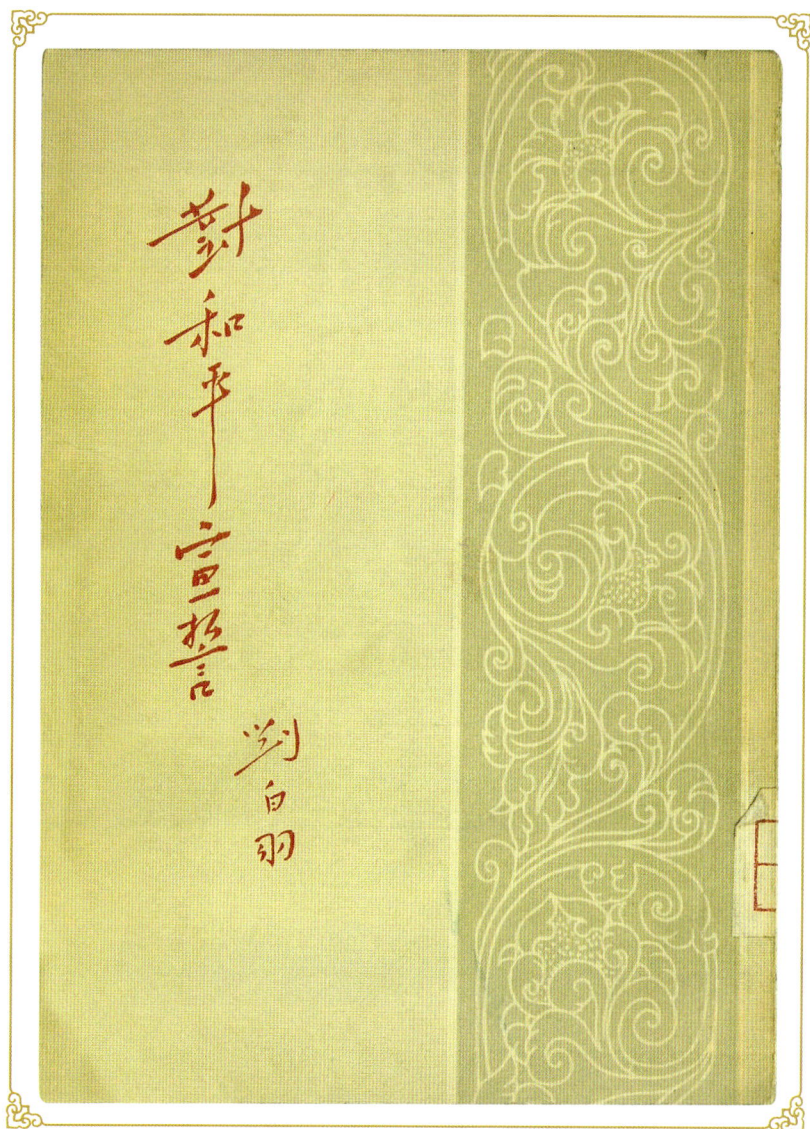

《对和平宣誓》 刘白羽著
作家出版社1954年9月出版
平装 32开 书号 作91 定价 4,400 元

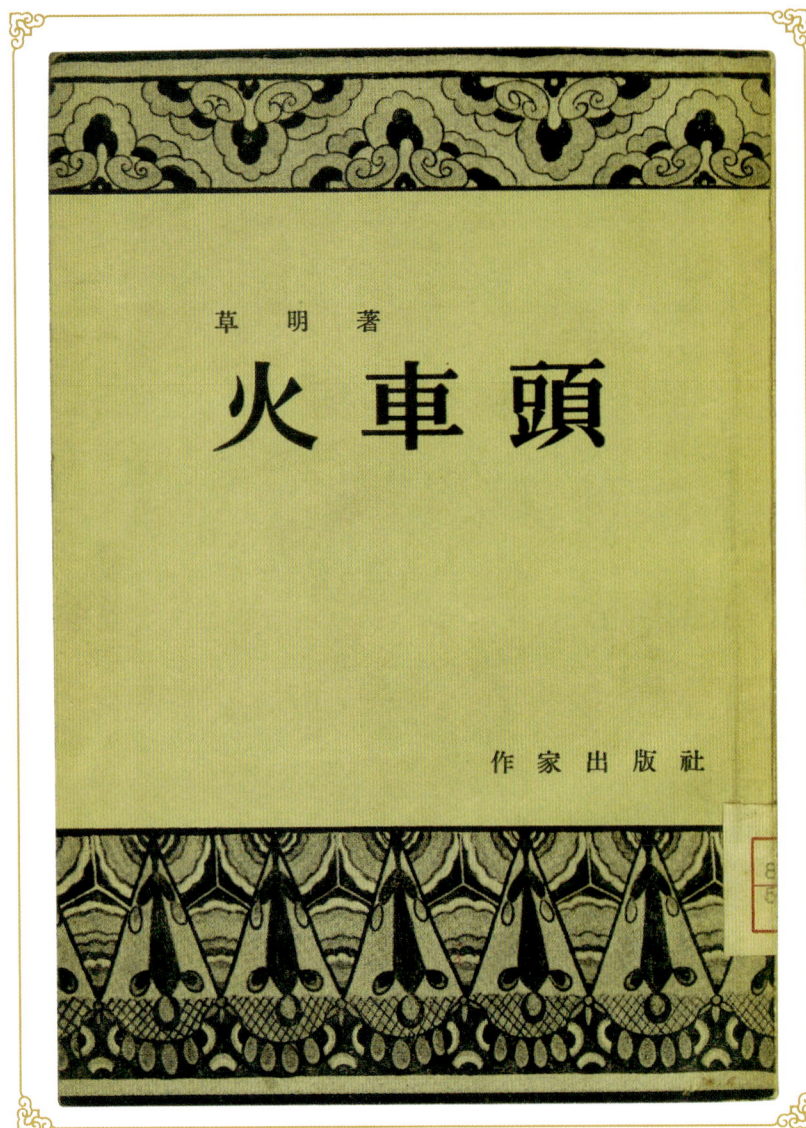

《火车头》　草明著

作家出版社1954年10月出版

平装　32开　书号　作81　定价 15,000 元

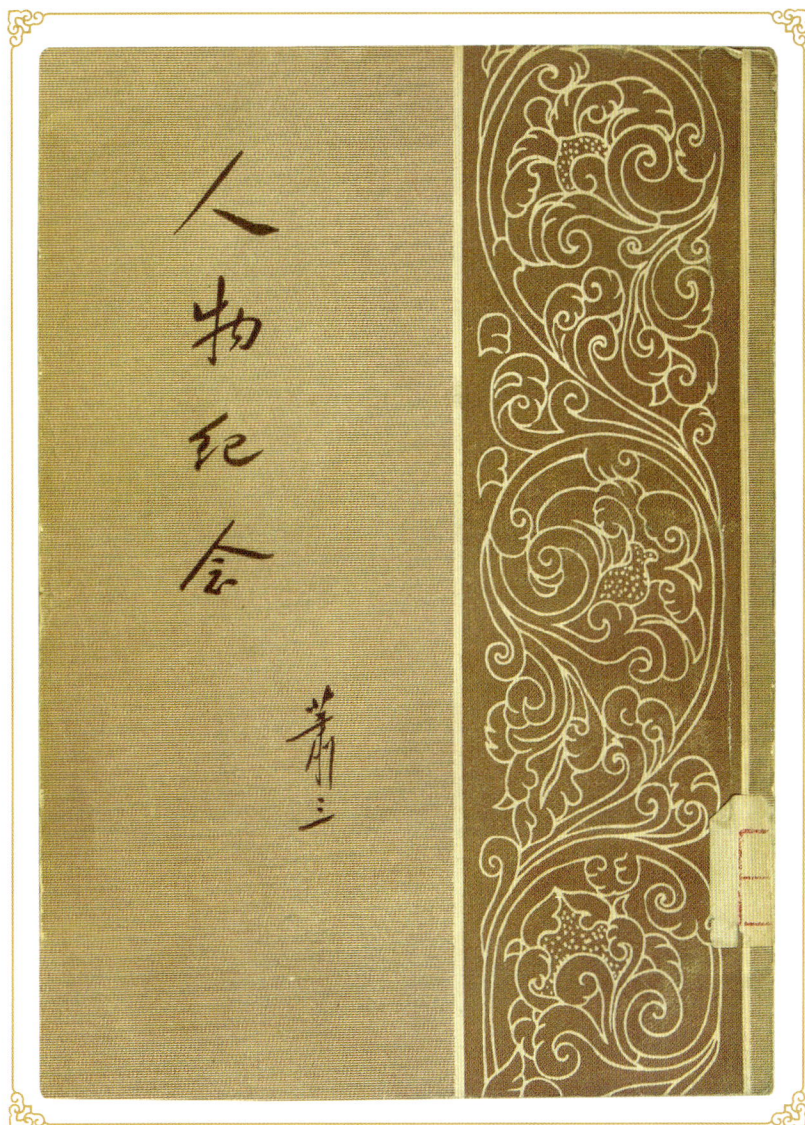

《人物纪念》　萧三著

作家出版社1954年12月出版

平装　32开　书号　作92　定价 5,900 元

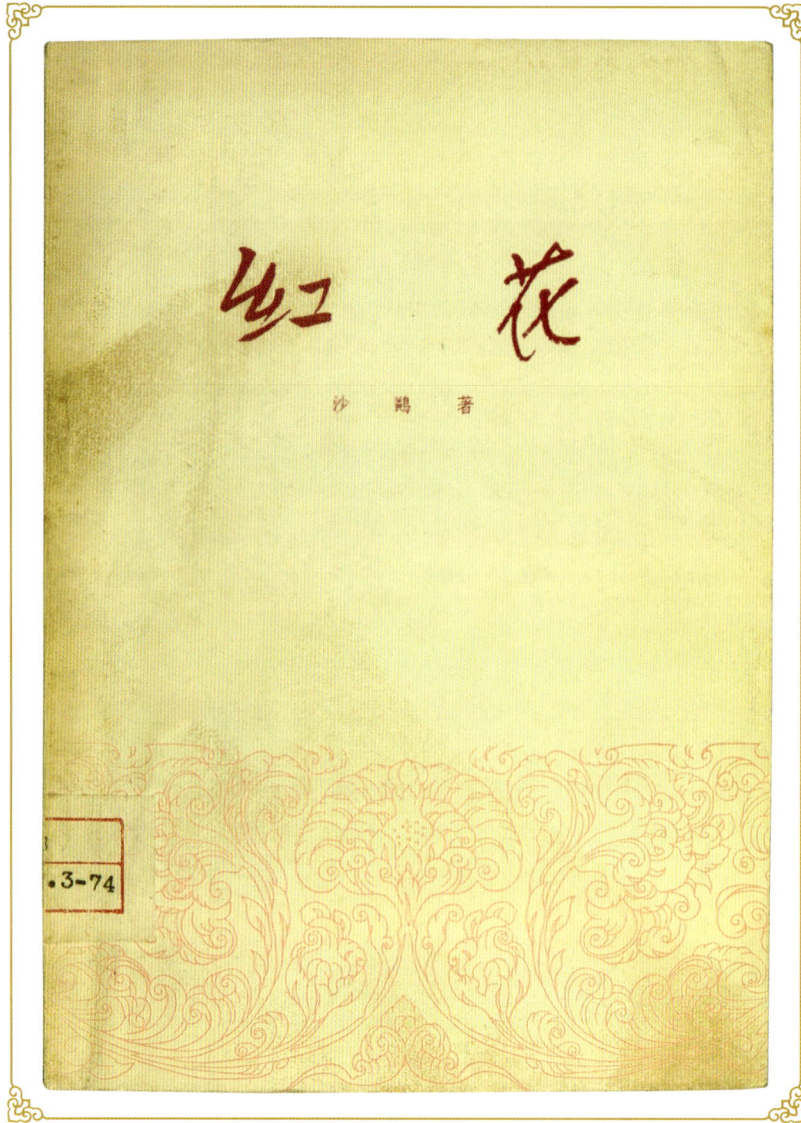

《红花》 沙鸥著
作家出版社1955年3月出版
平装 32开 书号 作155 定价 0.40 元

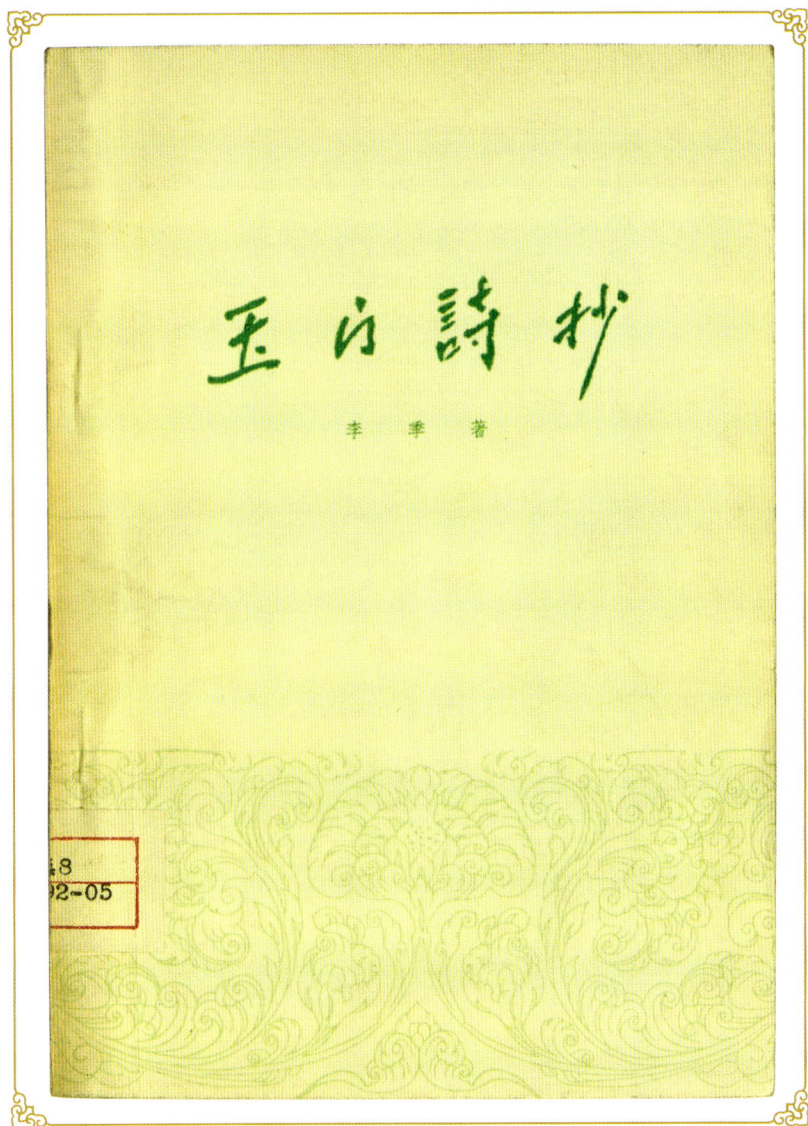

《玉门诗抄》 李季著
作家出版社1955年4月出版
平装 32开 书号 作160 定价 0.19 元

《玉门诗抄》（二集）　李季著

作家出版社1955年4月出版

平装　32开　书号　作160　定价 0.23 元

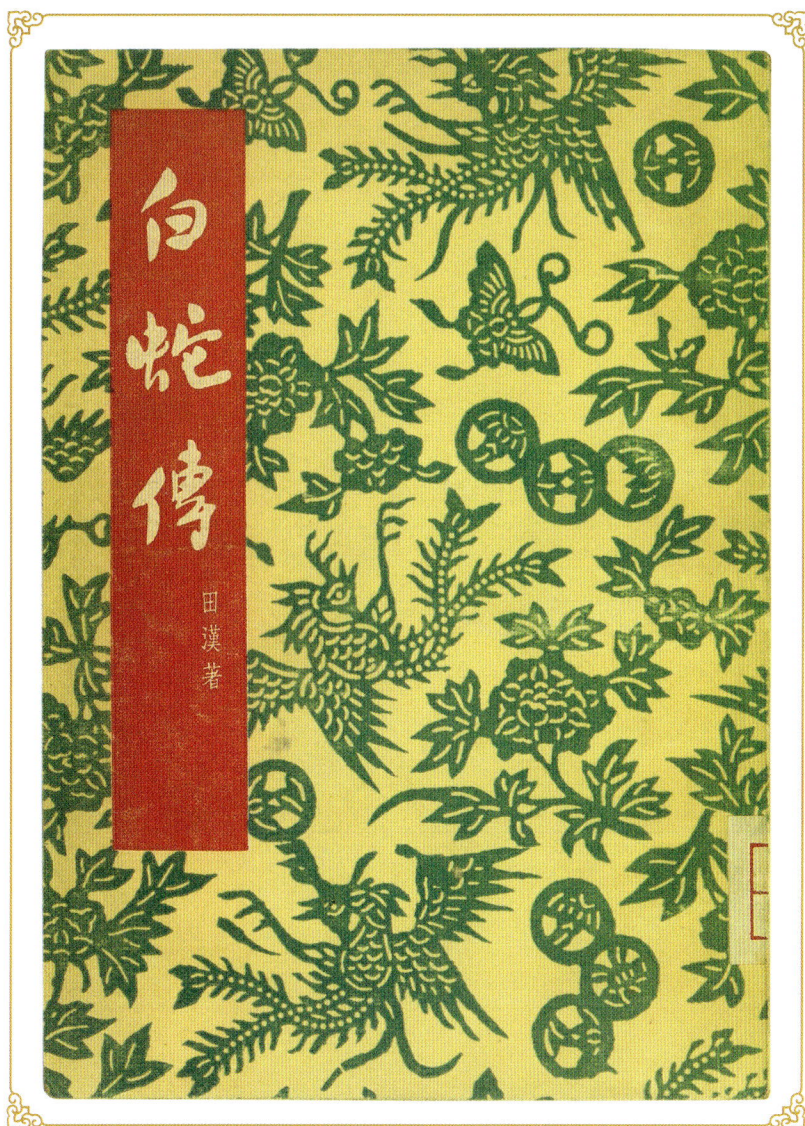

《白蛇传》（京剧） 田汉著

作家出版社1955年6月出版

平装 32开 书号 作159 定价 0.40 元

《小品文选集》 谢觉哉等著

新观察丛书 作家出版社1955年7月出版

平装 32开 书号 作192 定价 0.38 元

《在祖国的东方》 马加著

作家出版社1955年8月出版

平装 32开 书号 作232 定价 1.06 元

《黑鳗》 艾青著

作家出版社1955年10月出版

平装 32开 书号 作283 1956年5月版 平装 32开

书号 10020·281 定价 0.23 元

《县委书记》 田流著

作家出版社1956年3月出版

平装 32开 书号 10020·427 定价 0.48 元

《在勘探的道路上》 李若冰著
作家出版社1956年3月出版
平装 32开 书号 10020·374 定价 0.28 元

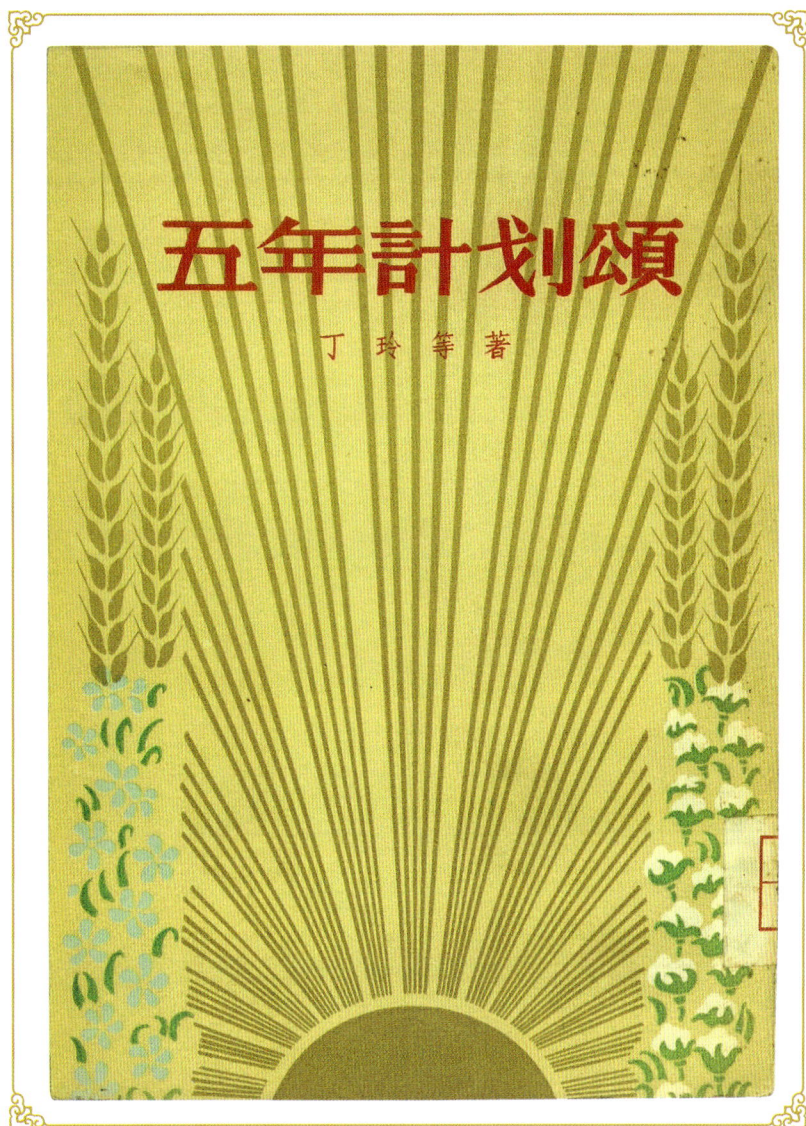

《五年计划颂》 丁玲等著
作家出版社1956年3月出版
平装 32开 书号 10020·365 定价 0.37 元

《投入火热的斗争》 郭小川著

作家出版社1956年4月出版

平装 32开 书号 10020·487 定价 0.40 元

精装 定价 0.80 元

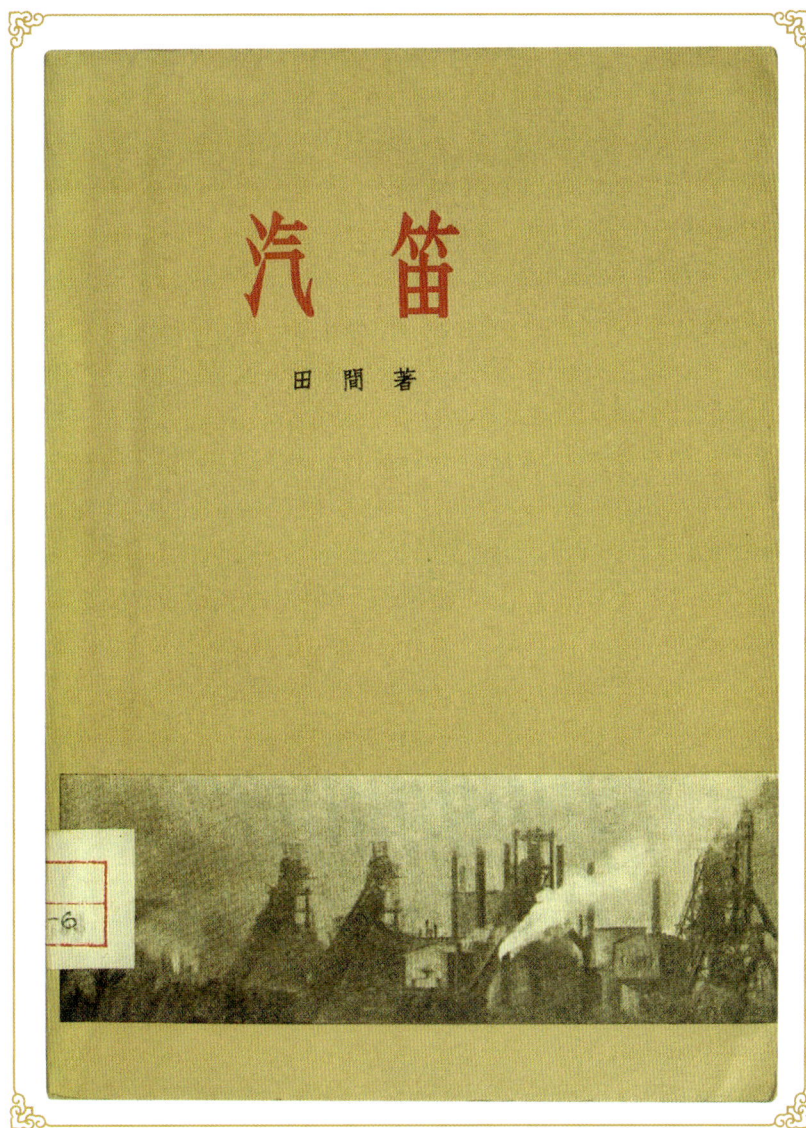

《汽笛》 田间著

作家出版社1956年6月出版

平装 大32开 书号 10020·479 定价 0.60 元

《新儿女英雄传》　袁静　孔厥著

作家出版社1956年11月出版

平装　大32开　书号　10019·490　定价 0.95 元

《火炬与太阳》 刘白羽著
作家出版社1956年12月出版
平装 32开 书号 10020·533 定价 0.85 元

《寓言》 冯雪峰著
作家出版社1956年12月出版
平装 大32开 书号 作337 定价 0.39 元

《大欢乐的日子》 巴金著
作家出版社1957年3月出版
平装 32开 书号 10020·674 定价 0.38 元

《在茫茫的草原上》 （蒙古族）玛拉沁夫著

作家出版社1957年4月出版

平装 大32开 书号 10020·610 定价 **1.00** 元

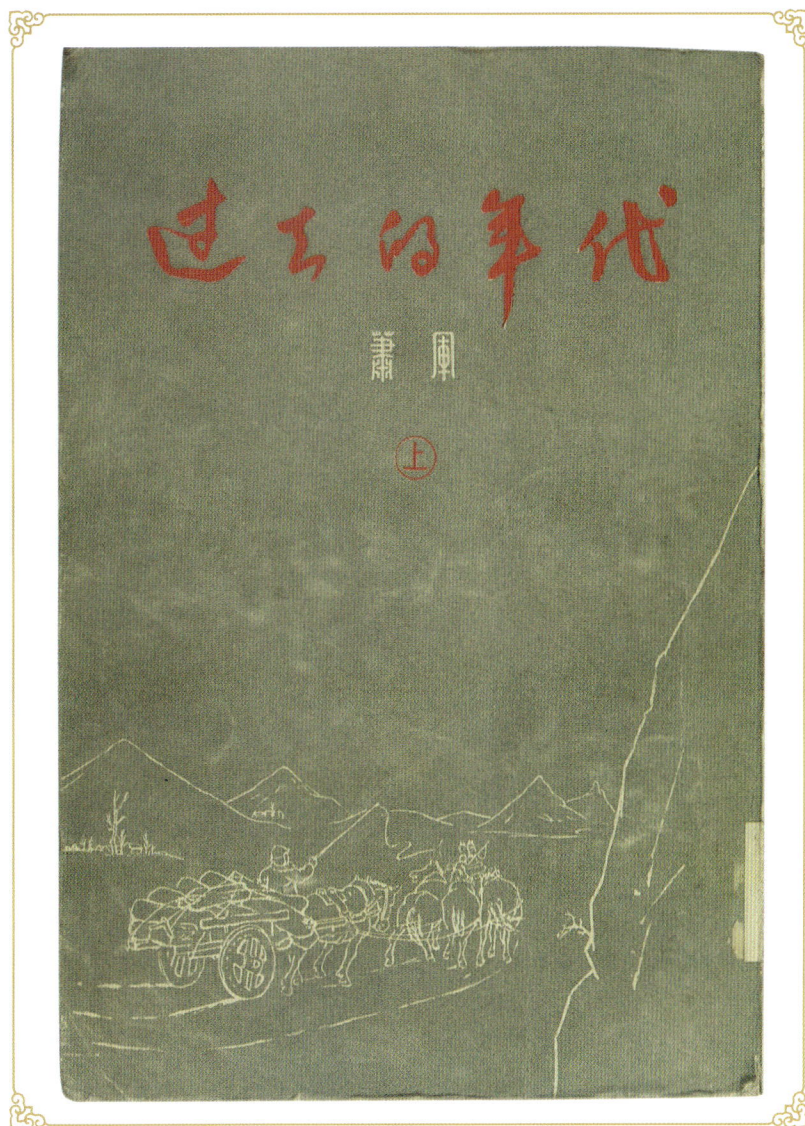

《过去的年代》（上）　萧军著
作家出版社1957年6月出版
平装　大32开　书号　10020·152　定价 3.50 元（上下两册）

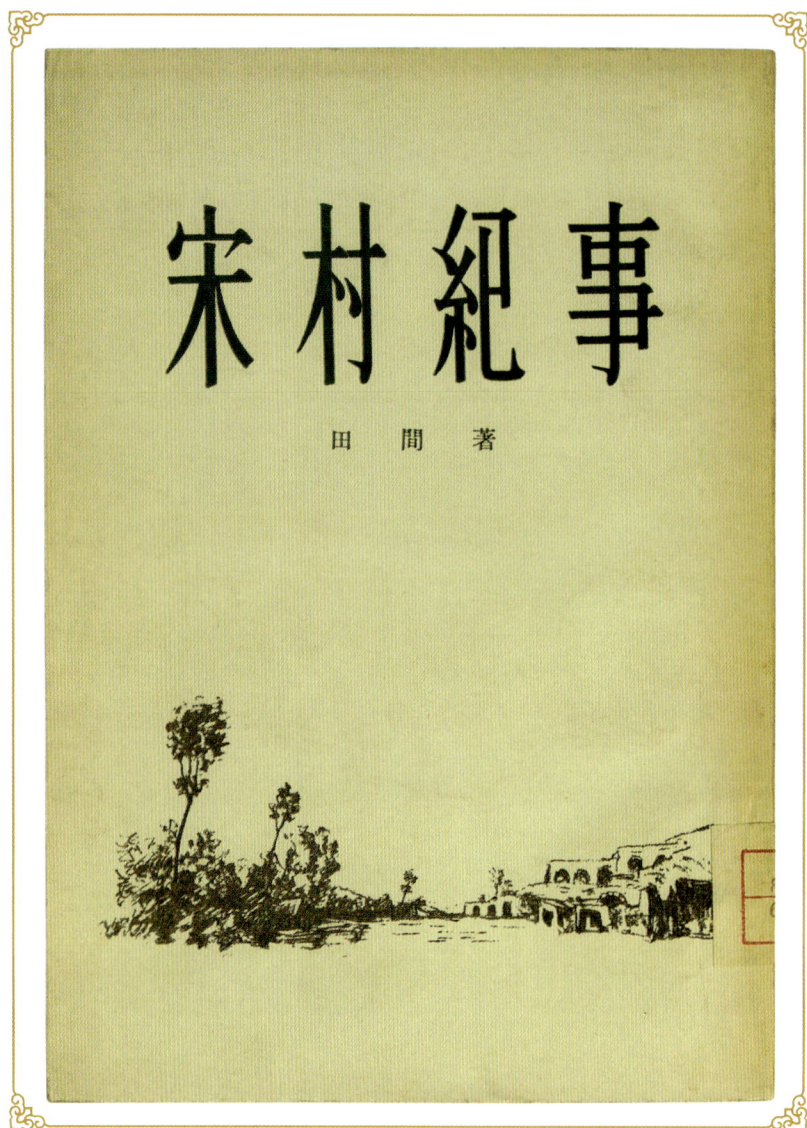

《宋村纪事》　田间著

作家出版社1957年8月出版

平装　32开　书号　10020·238　定价 0.32 元

《早晨》 李瑛著

作家出版社1957年10月出版

半精 32开 书号 10020·761 定价 0.37 元

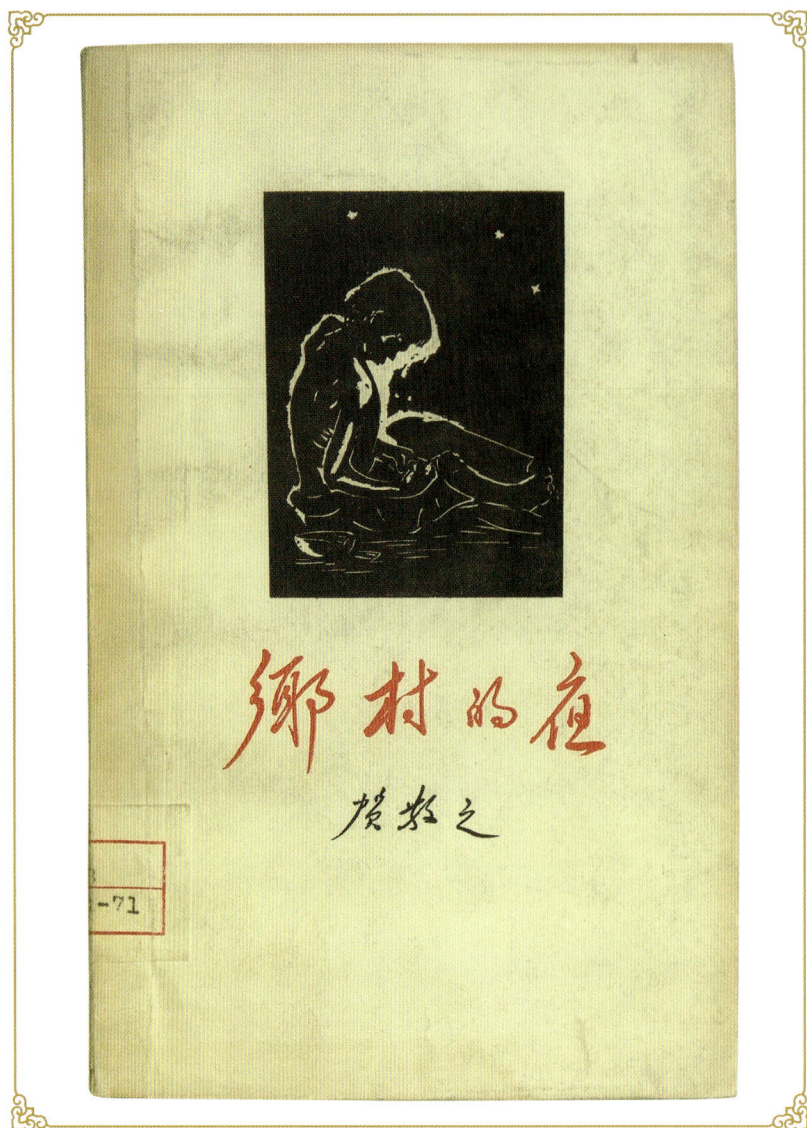

《乡村的夜》 贺敬之著

作家出版社1957年12月出版

半精 32开 书号 10020·768 定价 0.34 元

《青春之歌》　杨沫著

作家出版社1958年1月出版

平装　大32开　书号　10020·796　定价 1.60 元

《红河南北》 袁鹰著

作家出版社1958年4月出版

平装 32开 书号 10020·831 定价 0.44 元

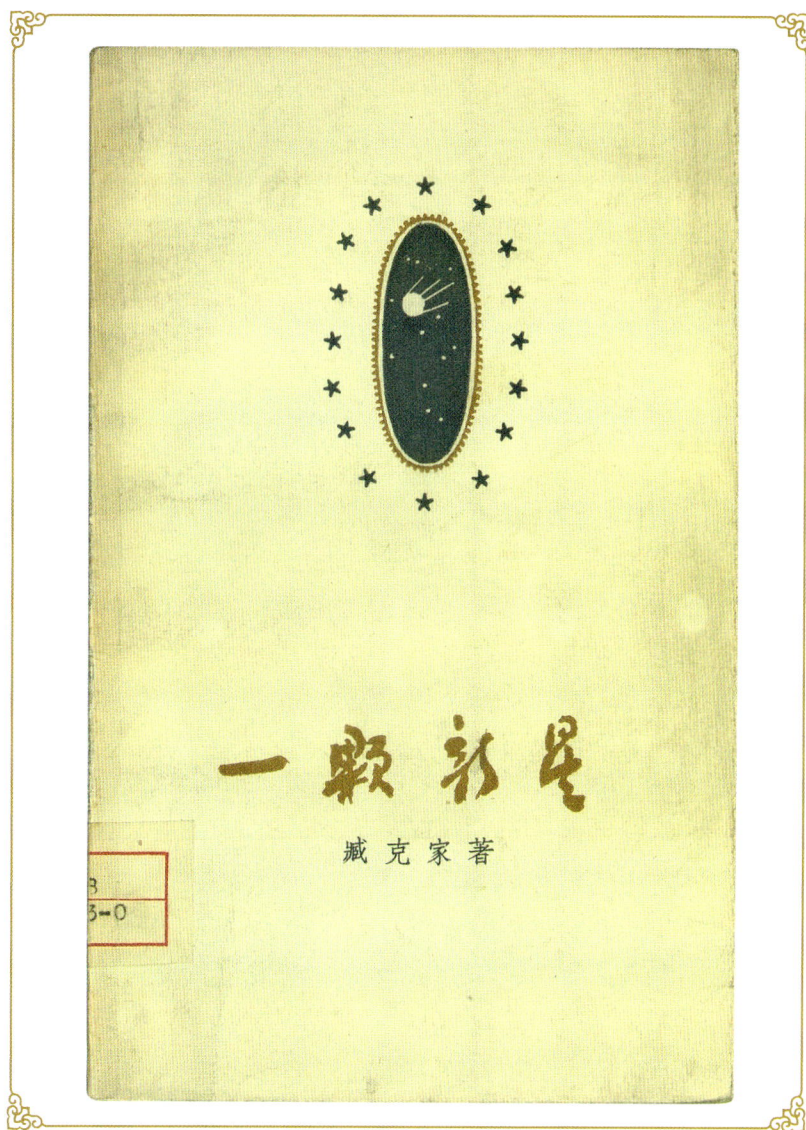

《一颗新星》 臧克家著

作家出版社1958年4月出版

半精 32开 书号 10020·825 定价 0.34 元

《上海的早晨》（一） 周而复著

作家出版社1958年6月出版

平装 大32开 书号 10020·856 定价 1.50 元

《山乡巨变》（上） 周立波著

作家出版社1958年6月出版

平装 大32开 书号 10020·865 定价 0.80 元

《战斗到明天》（第一部） 白刃著

作家出版社1958年9月出版

平装 大32开 书号 10020·983 定价 1.10 元

《上任》 老舍著

文学初步读物 作家出版社1958年10月出版

平装 46开 书号 10020·1049 定价 0.26 元

《春城集》 李广田著

作家出版社1958年10月出版

平装 32开异型 书号 10020·1057 定价 0.22 元

《工潮》 茅盾著

文学初步读物 作家出版社1958年11月出版

平装 46开 书号 10020·1072 定价 0.17 元

《万炮震金门》 刘白羽著
作家出版社1959年3月出版
平装 32开 书号 10020·1300 定价 0.28 元

《春风集》 臧克家著
作家出版社1959年3月出版
平装 诗开 书号 10020·1290 定价 0.35 元

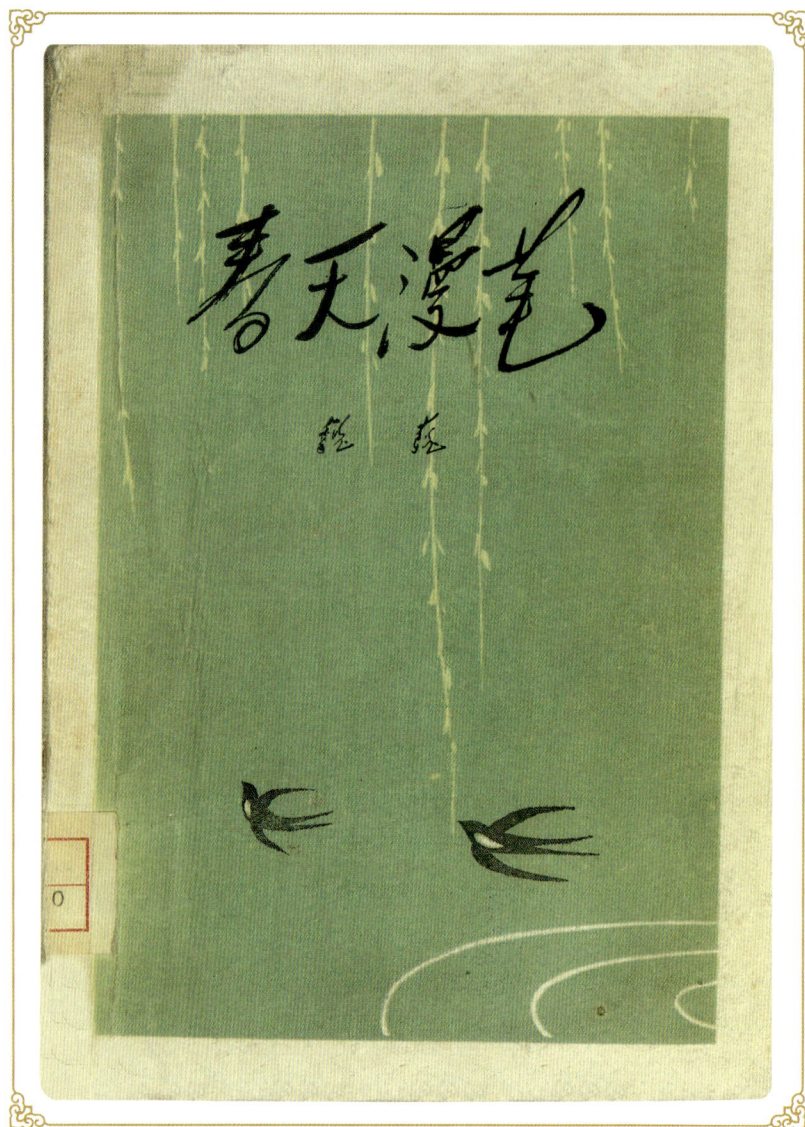

《春天漫笔》　魏巍著

作家出版社1959年7月出版

平装　32开　书号　10020·1330　定价 0.47 元

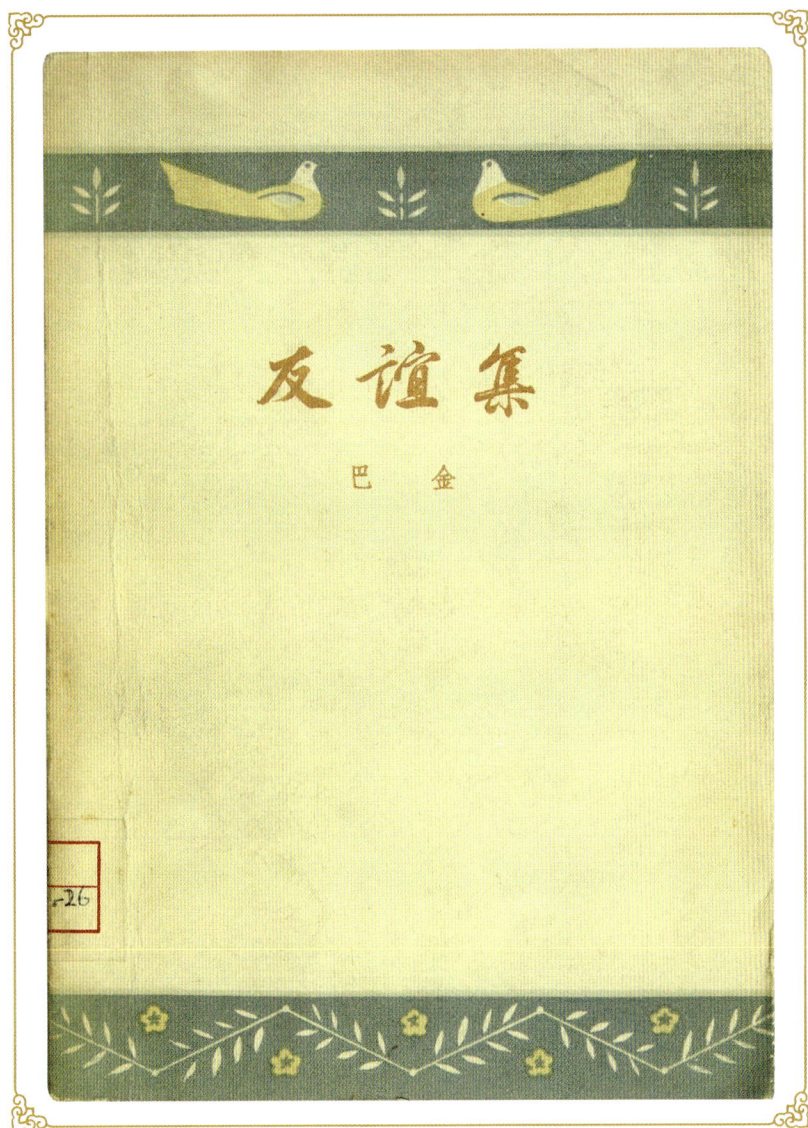

《友谊集》 巴金著

作家出版社1959年9月出版

平装 32开 书号 10020·1380 定价 0.35 元

《投枪集》 吴晗著

作家出版社1959年9月出版

平装 大32开 书号 10020·1393 定价 0.98 元

精装 定价 1.27 元

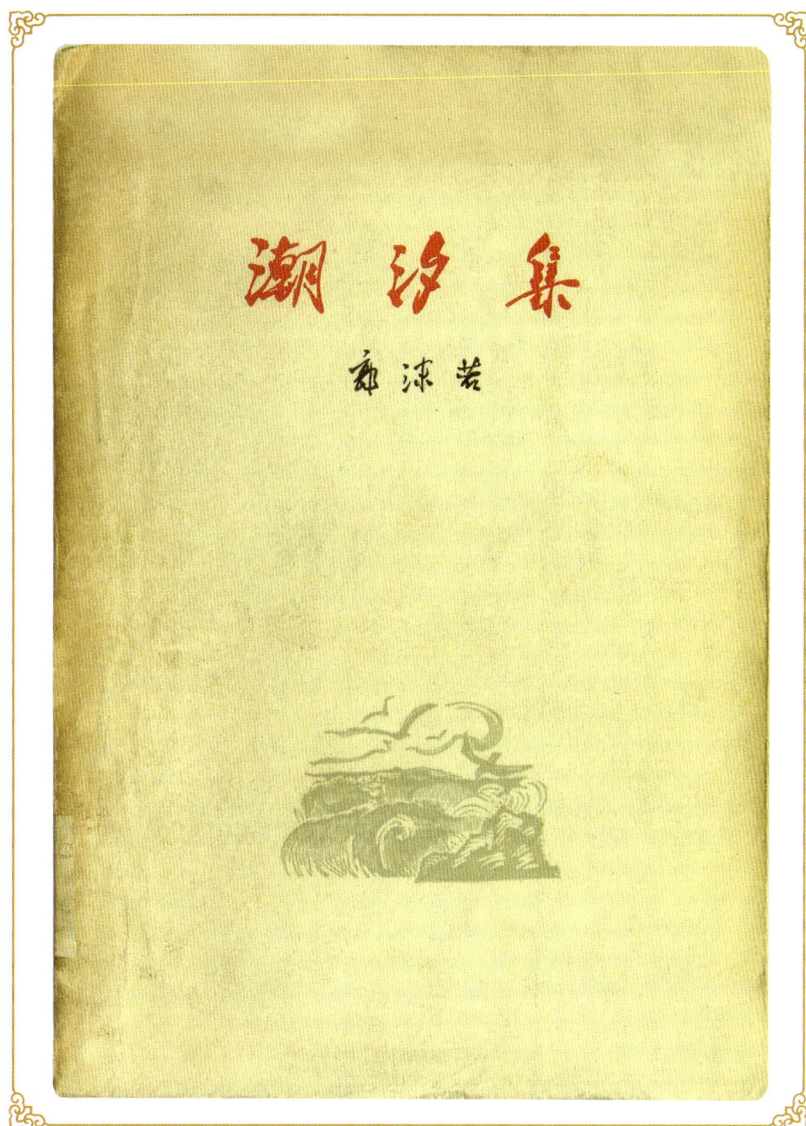

《潮汐集》 郭沫若著

作家出版社1959年11月出版

平装 大32开 书号 10020·1398 定价 1.57 元

精装 定价 2.00 元

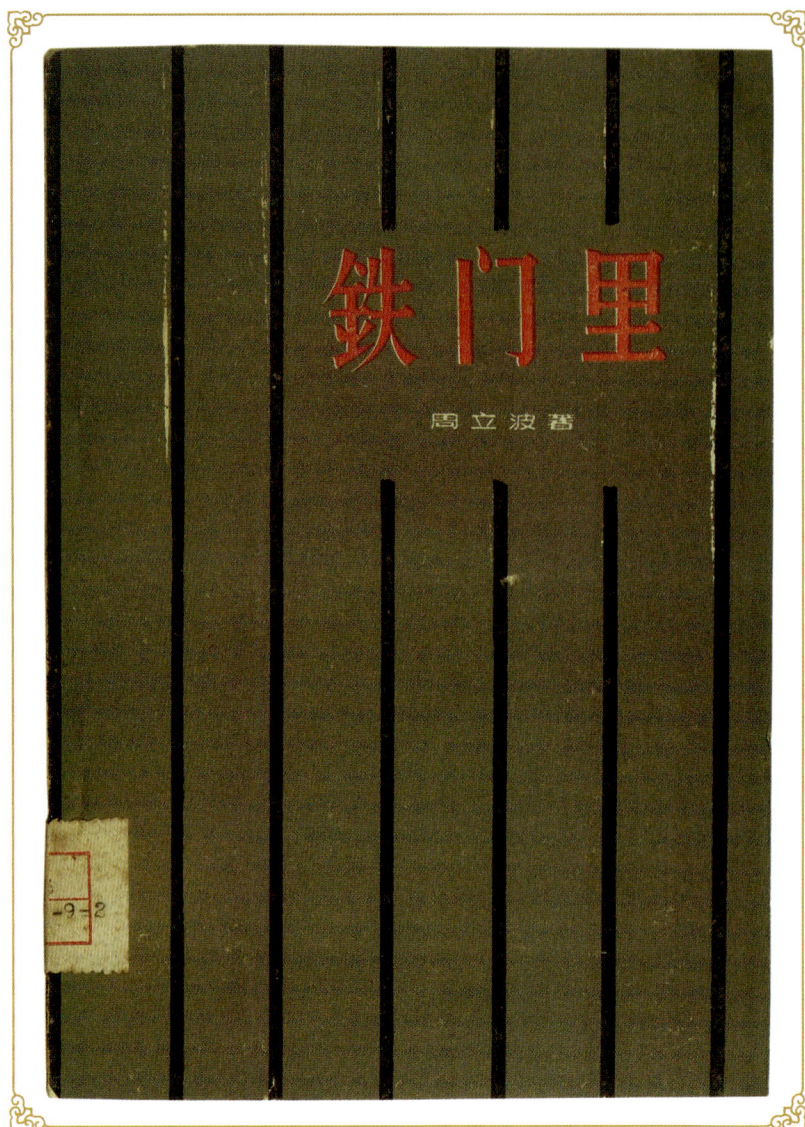

《铁门里》 周立波著

作家出版社1959年12月出版

平装 32开 书号 10020·1438 定价 0.17 元

文学初步讀物

猪 与 鸡

巴金著

作家出版社

《猪与鸡》 巴金著
文学初步读物 作家出版社1959年12月出版
平装 46开 书号 10020·1195 定价 0.05 元

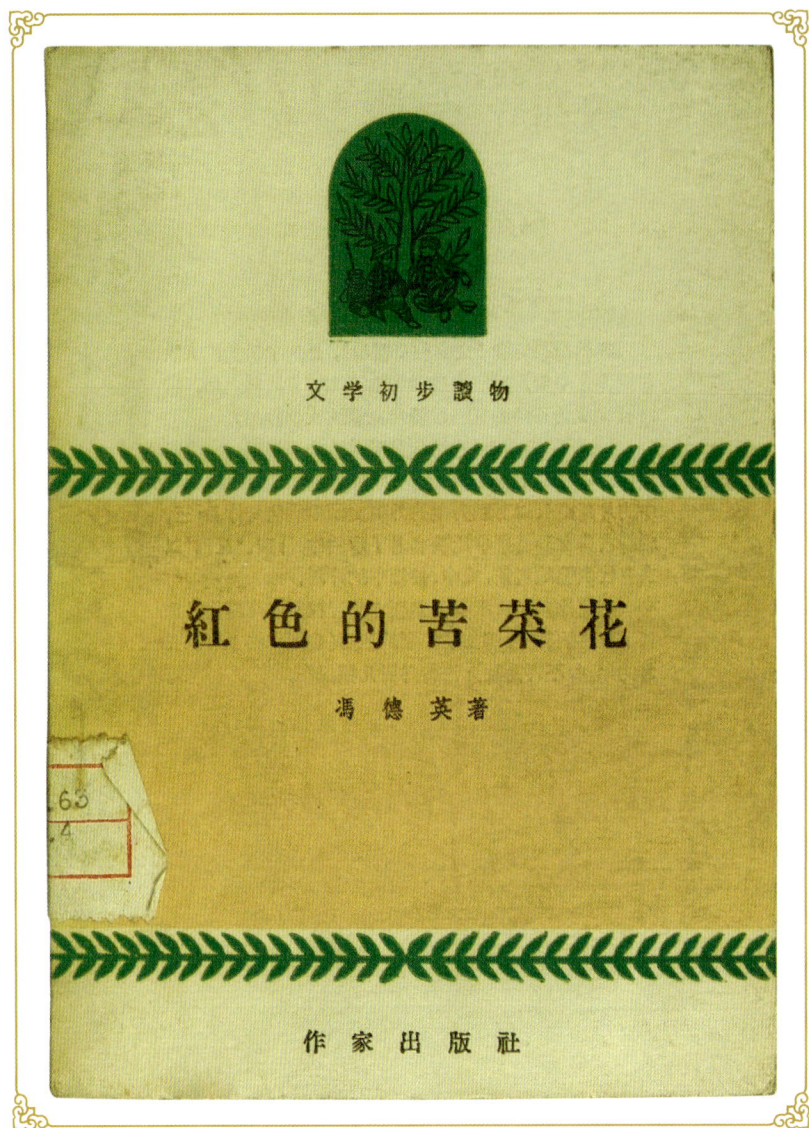

《红色的苦菜花》 冯德英著
文学初步读物 作家出版社1959年12月出版
平装 46开 书号 10020·1272 定价 0.13 元

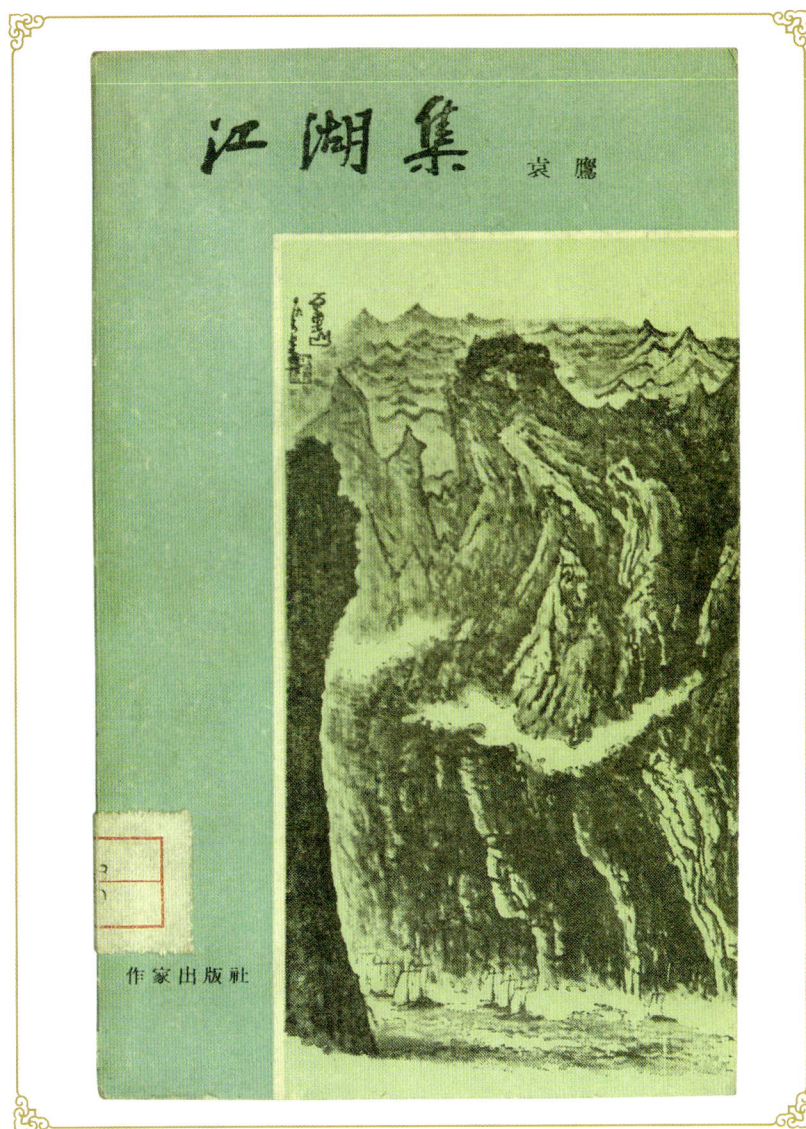

《江湖集》 袁鹰著

作家出版社1960年1月出版

平装 诗开 书号 10020·1430 定价 0.31 元

《从遵义到大渡河》 张爱萍著

作家出版社1960年3月出版

平装 32开 书号 10020·1455 定价 0.21 元

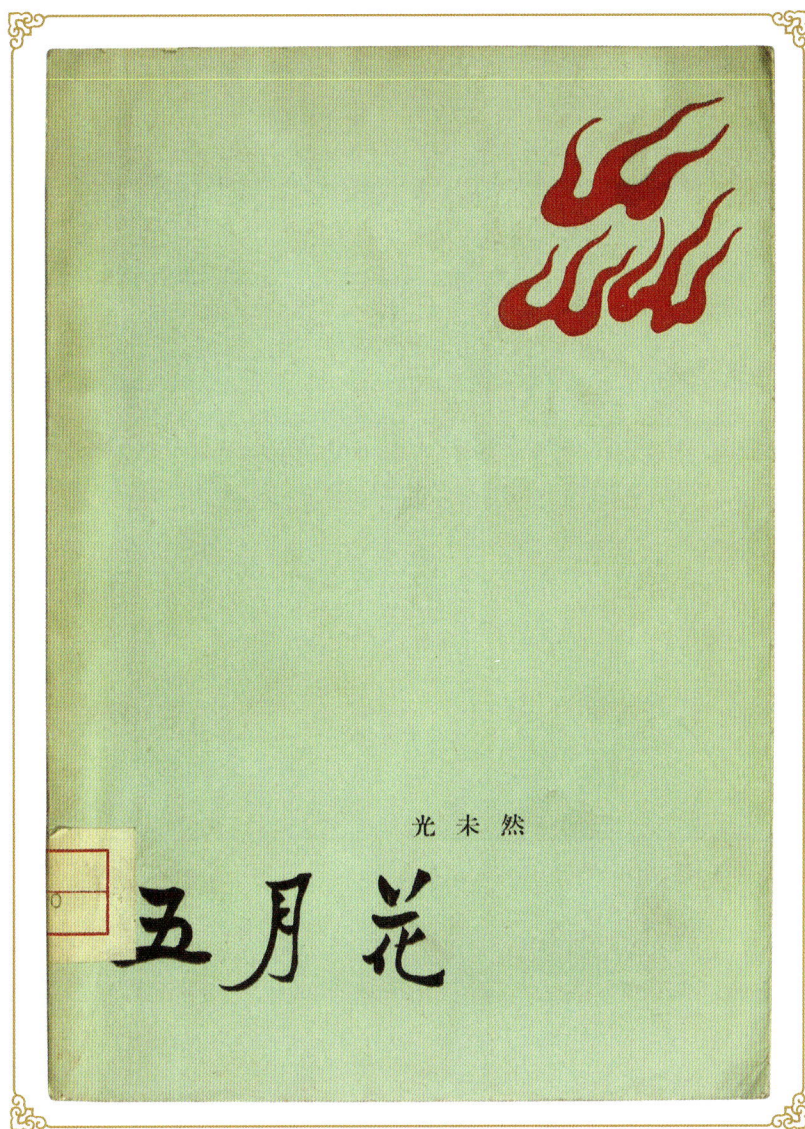

《五月花》　光未然著
作家出版社1960年5月出版
平装　大32开　书号　10020·1444　定价 0.59 元

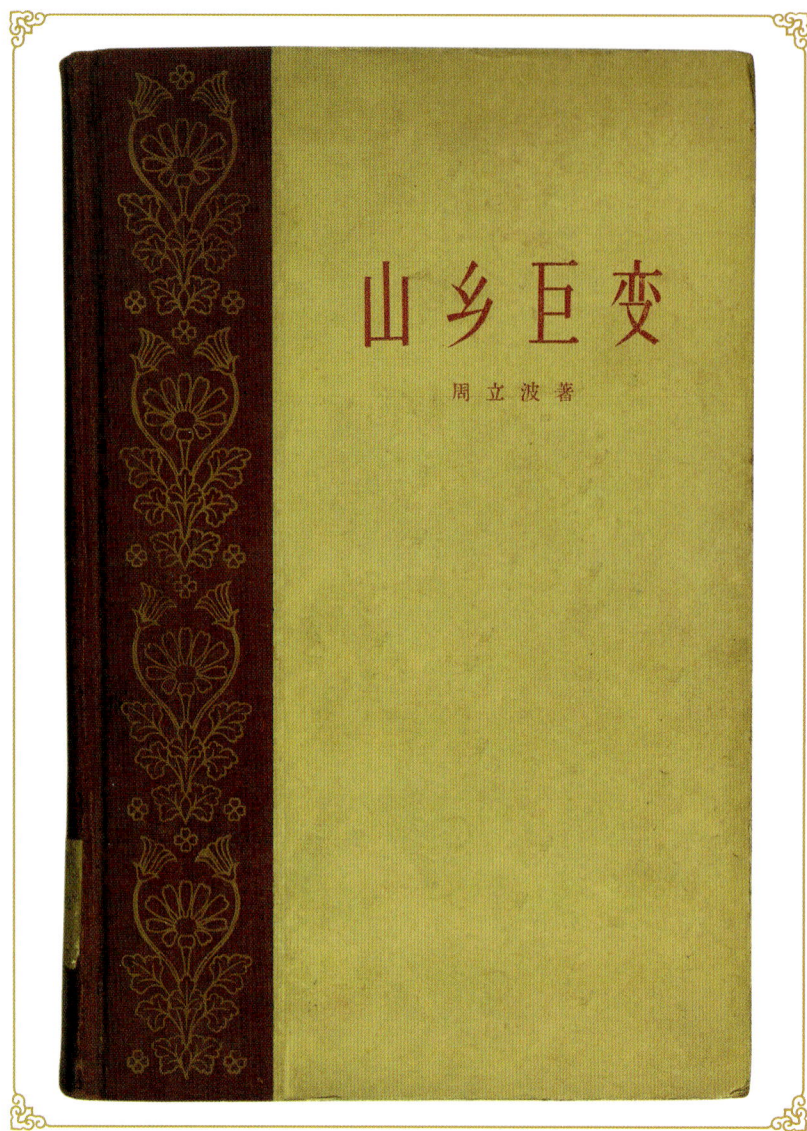

《山乡巨变》（下） 周立波著

作家出版社1960年6月出版

平装 大32开 书号 10020·1442 定价 0.93 元

篋存集

叶圣陶

作家出版社

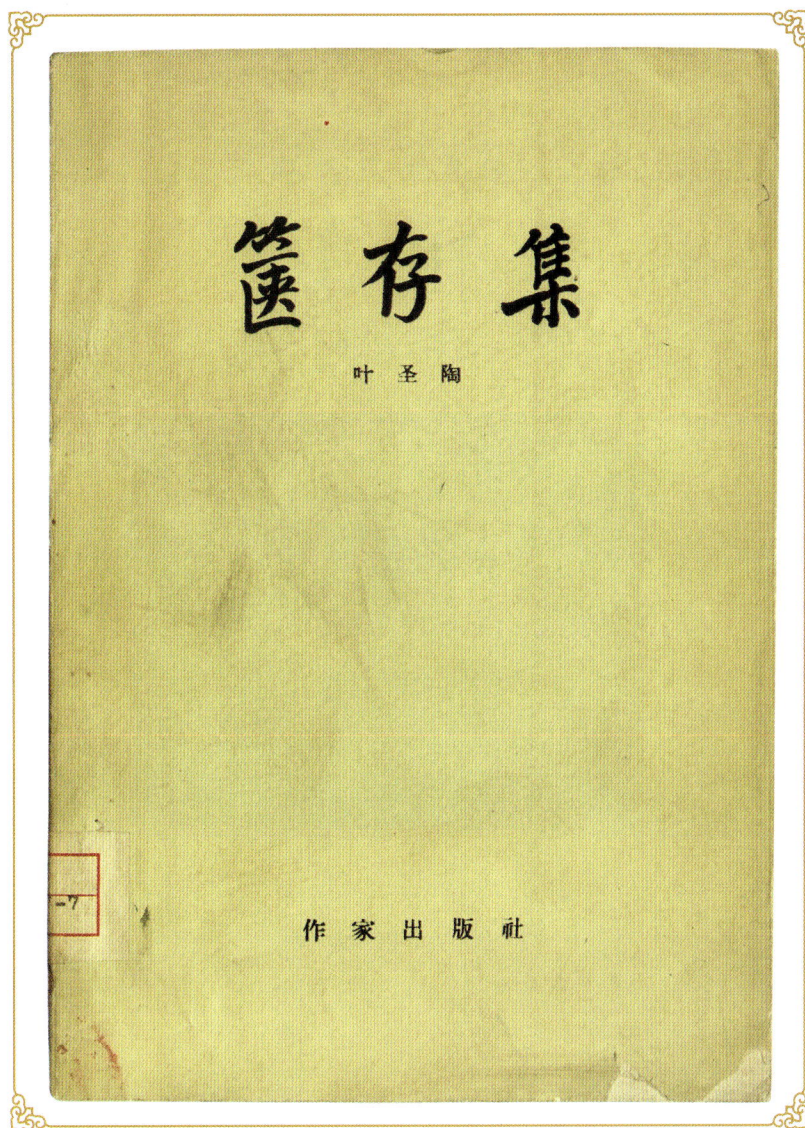

《篋存集》 叶圣陶著
作家出版社1960年8月出版
平装 大32开 书号 10020·1486 定价 0.83 元

《李双双小传》　李准著

作家出版社1961年7月出版

平装　36开　书号　10020·1512　定价 0.50 元

精装　定价 0.82 元

《滴水集》 赵朴初著

作家出版社1961年12月出版

平装 32开 书号 10020·1555 定价 0.37 元

《花的草原》 （蒙古族）玛拉沁夫著

作家出版社1962年4月出版

平装 大32开 书号 10020·1570 定价 **1.10** 元

精装 定价 **1.70** 元

《新同学》 叶君健著

作家出版社1962年5月出版

平装 32开 书号 10020·1574 定价 0.56 元

精装 定价 0.77 元

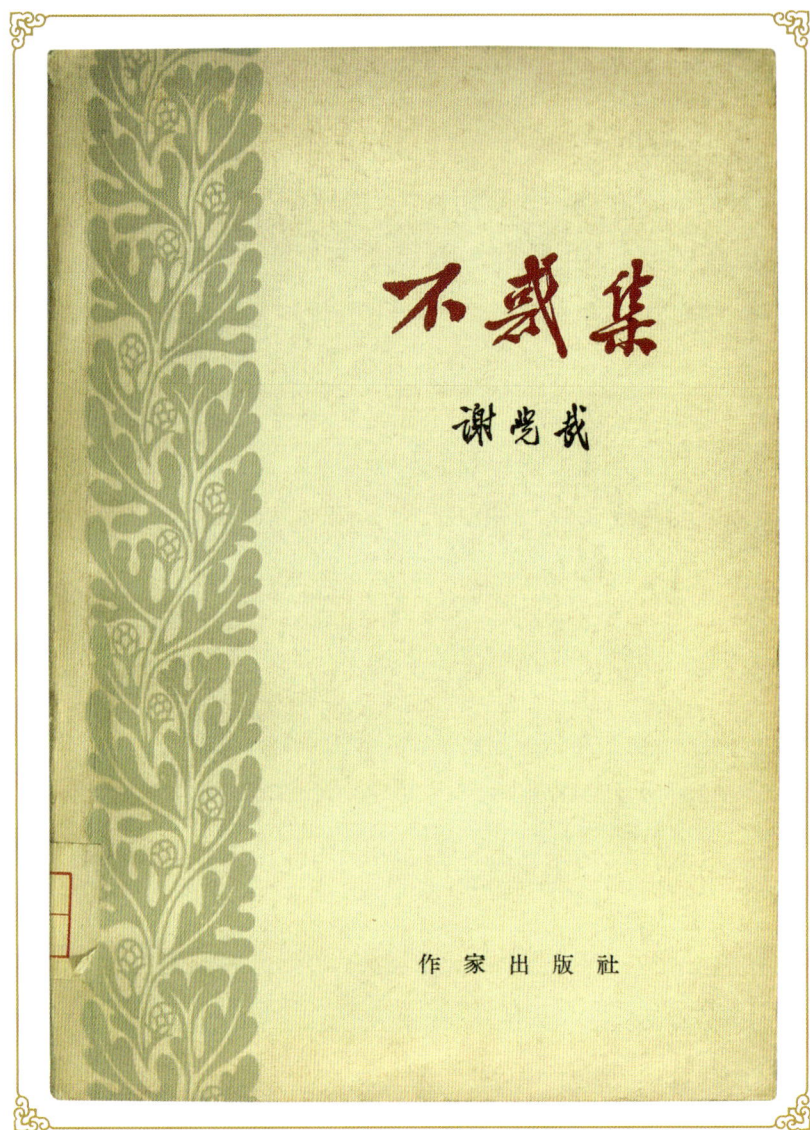

《不惑集》 谢觉哉著
作家出版社1962年9月出版
平装 大32开 书号 10020·1591 定价 0.94 元
精装 定价 1.20 元

《播火记》（上下） 梁斌著

作家出版社1963年12月出版

平装 大32开 书号 10020·1728 定价 2.00 元

精装 定价 2.50 元（上下两册）

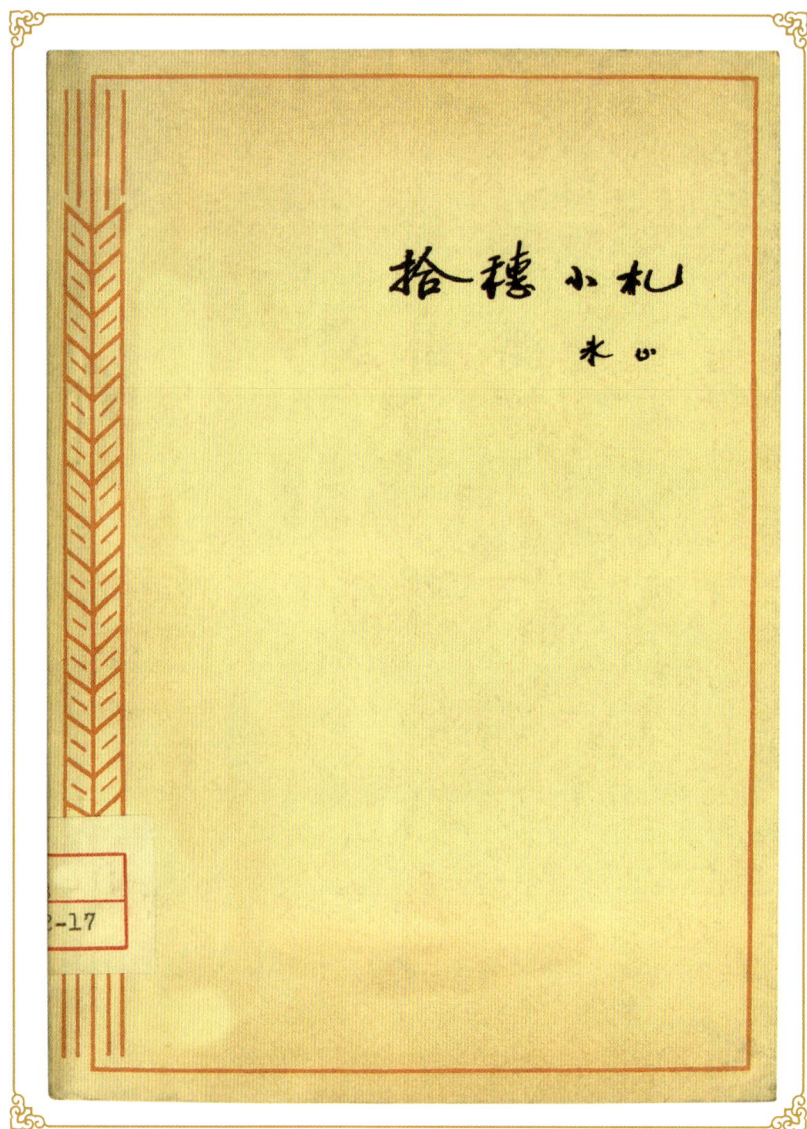

《拾穗小札》 冰心著
作家出版社1964年4月出版
平装 36开 书号 10020·1749 定价 0.41 元
精装 定价 0.89 元

《贤良桥畔》 巴金著
作家出版社1964年9月出版
平装 诗开 书号 10020·1797 定价 0.40 元
精装 定价 0.94 元

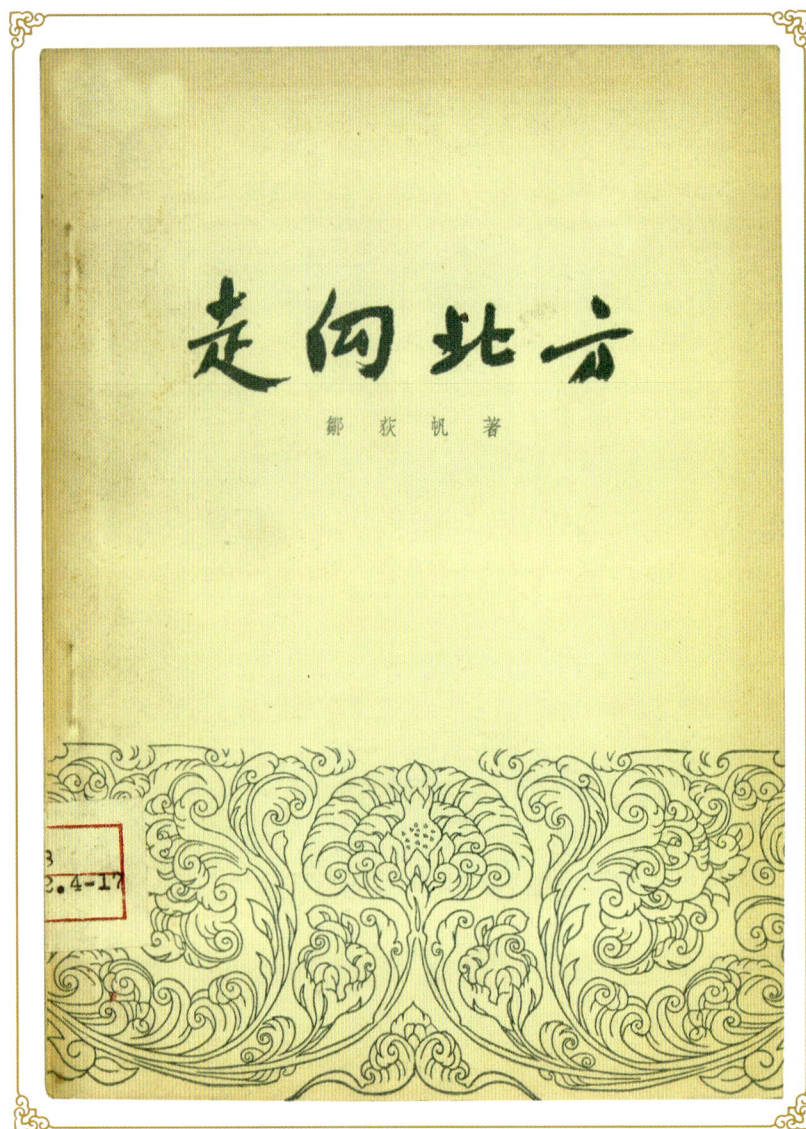

《走向北方》 邹荻帆著
作家出版社1954年1月出版
平装 32开 书号 作16 定价 **3,100** 元
精装 定价 **11,000** 元

《臧克家诗选》　臧克家著

作家出版社1954年1月出版

平装　32开　书号　作25　定价 3,600 元

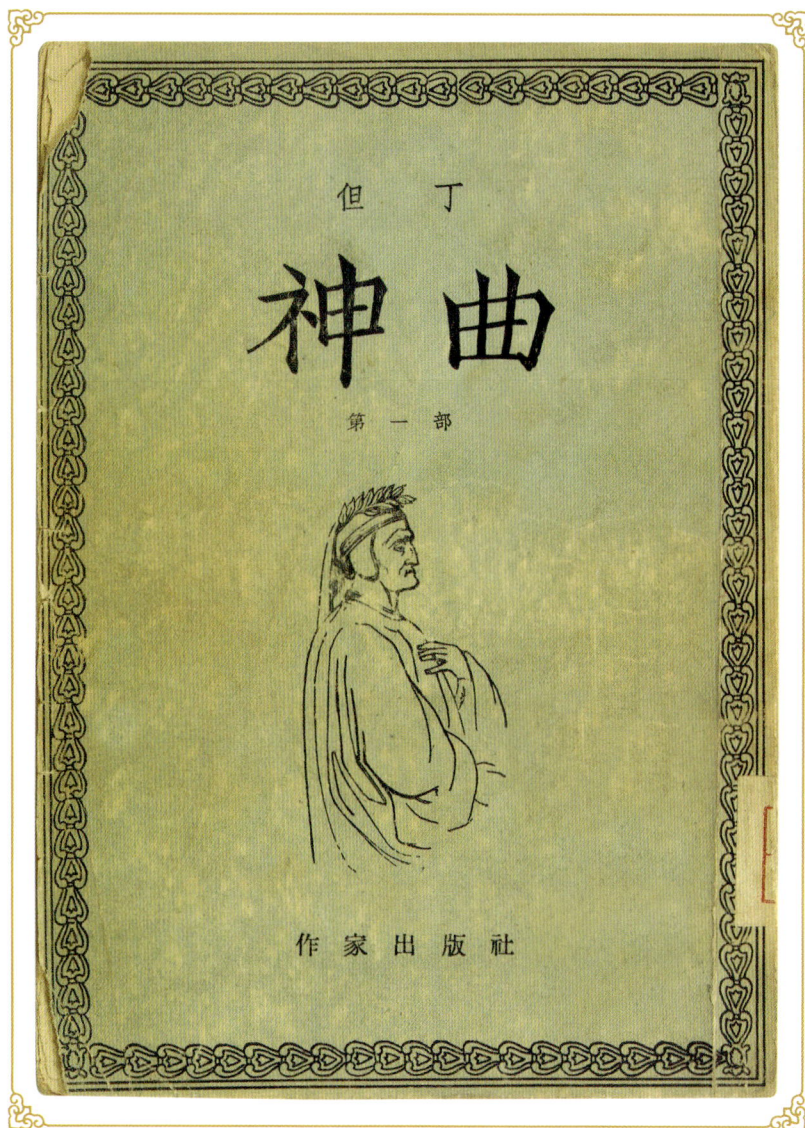

《神曲》（第一部） [意大利]但丁著 王维克译

作家出版社1954年3月出版

平装 32开 书号 作23 定价 **21,000** 元（三部）

《神曲》（第二部） [意大利]但丁著 王维克译

作家出版社1954年3月出版

平装 32开 书号 作23 定价 21,000 元（三部）

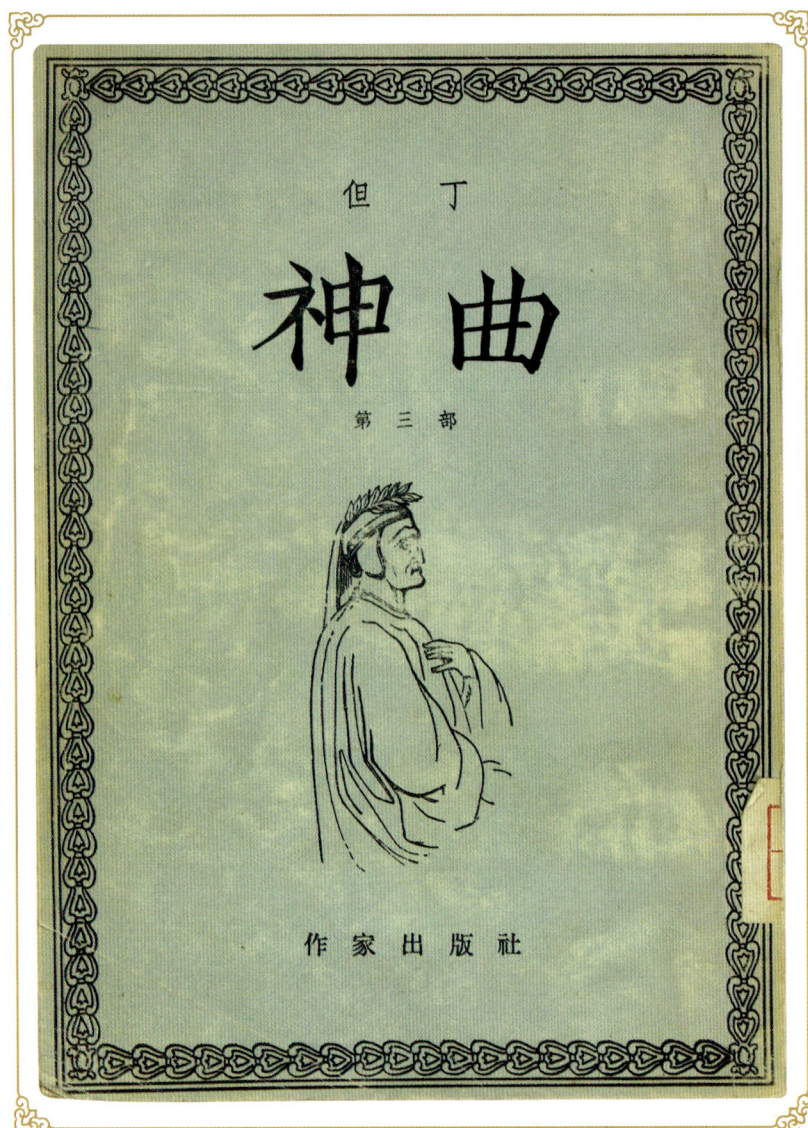

《神曲》（第三部）　[意大利]但丁著　王维克译

作家出版社1954年3月出版

平装　32开　书号　作23　定价 21,000 元（三部）

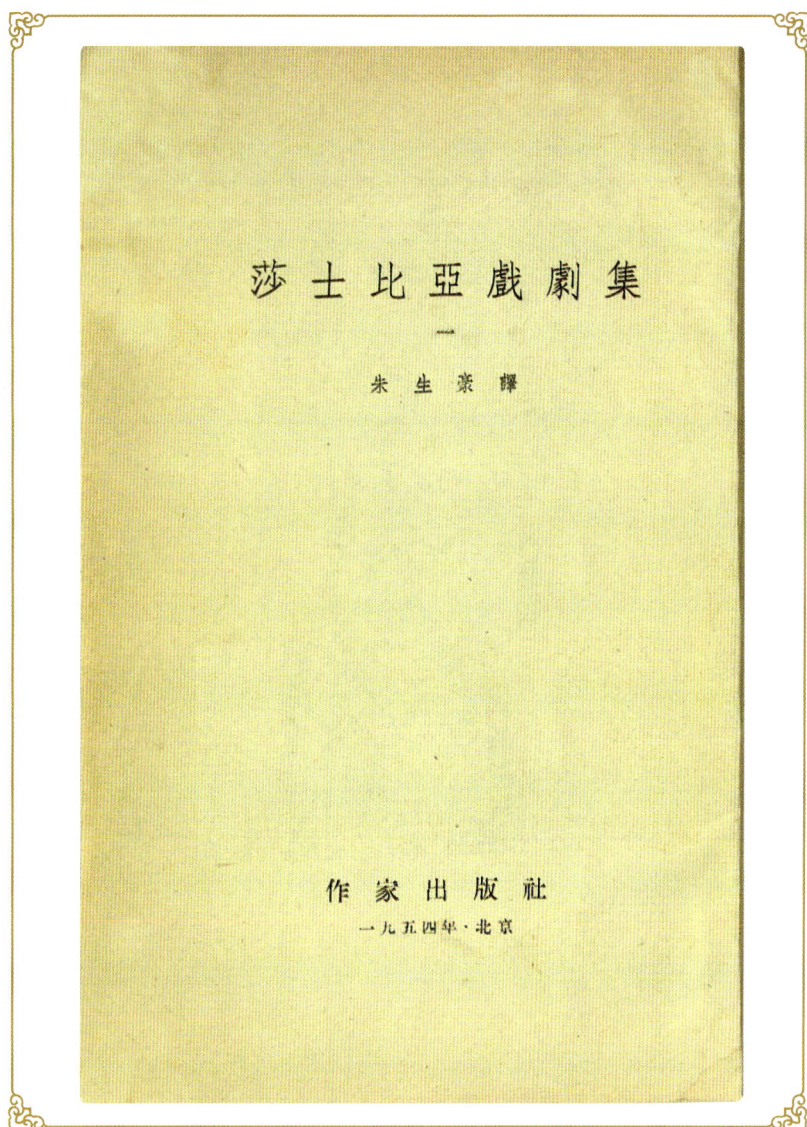

莎士比亞戲劇集
一
朱 生 豪 譯

作 家 出 版 社
一九五四年·北京

《莎士比亚戏剧集》（一）

[英国]莎士比亚著 朱生豪译

作家出版社1954年3月出版

平装 32开 书号 作22 定价 9,700 元

精装 定价 13,000 元

莎 士 比 亞 戲 劇 集

二

朱 生 豪 譯

作 家 出 版 社

一九五四年·北京

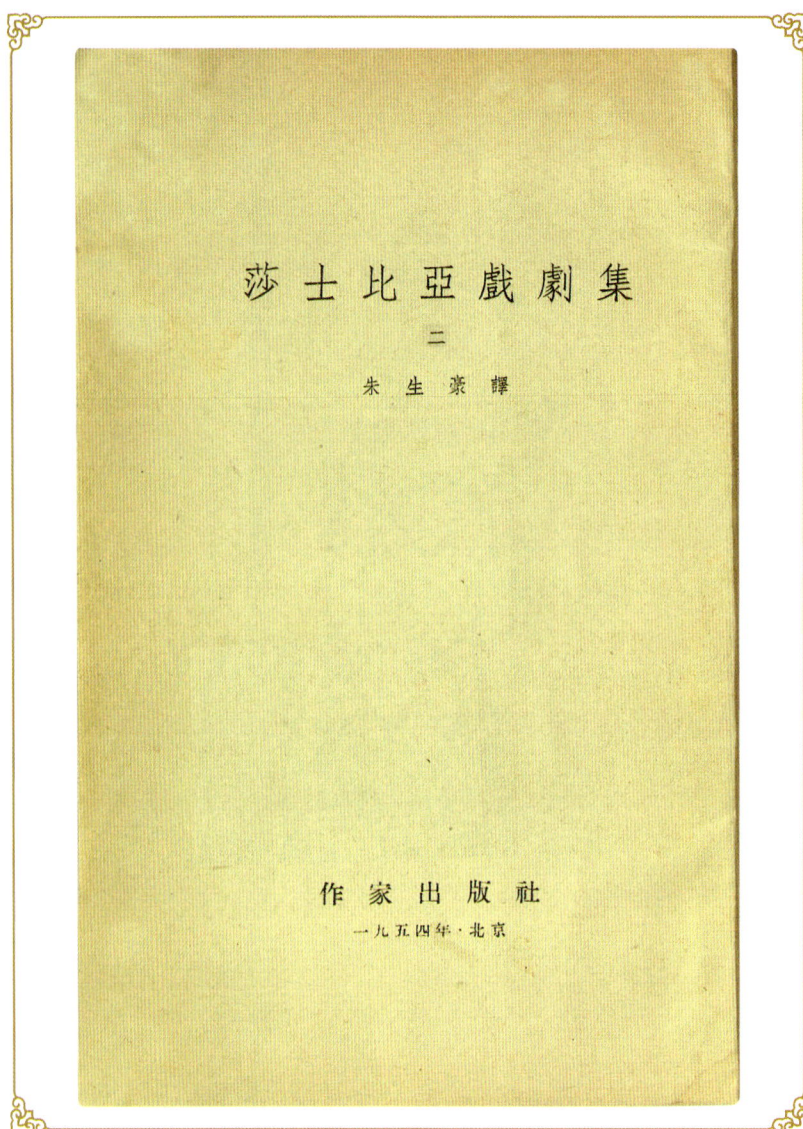

《莎士比亚戏剧集》（二）

[英国]莎士比亚著 朱生豪译

作家出版社1954年4月出版

平装 32开 书号 作24 定价 10,000 元

精装 定价 13,700 元

莎 士 比 亞 戲 劇 集

三

朱 生 豪 譯

作 家 出 版 社

一九五四年·北京

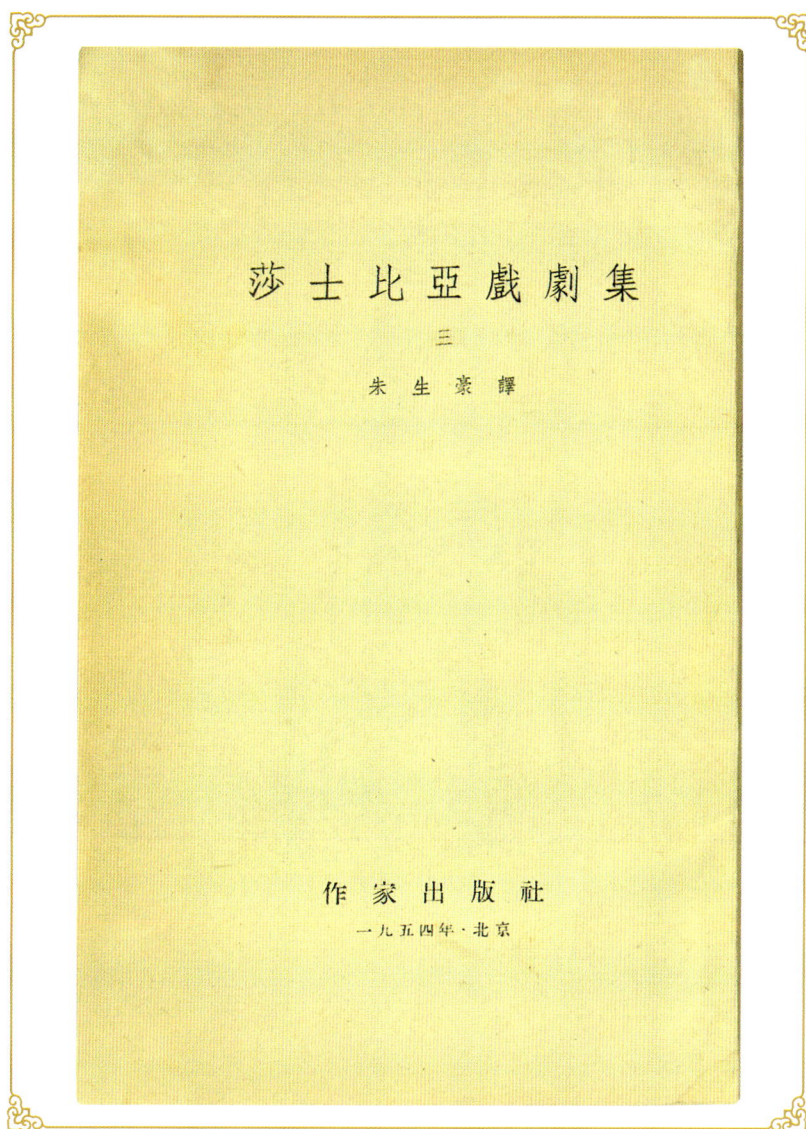

《莎士比亚戏剧集》（三）

[英国]莎士比亚著　朱生豪译

作家出版社1954年4月出版

平装　32开　书号　作27　定价 9,600 元

精装　定价 13,000 元

《莎士比亚戏剧集》（四）

[英国]莎士比亚著 朱生豪译

作家出版社1954年5月出版

平装 32开 书号 作32 定价 8,900 元

精装 定价 12,000 元

莎 士 比 亞 戲 劇 集

五

朱 生 豪 譯

作 家 出 版 社

一九五四年·北京

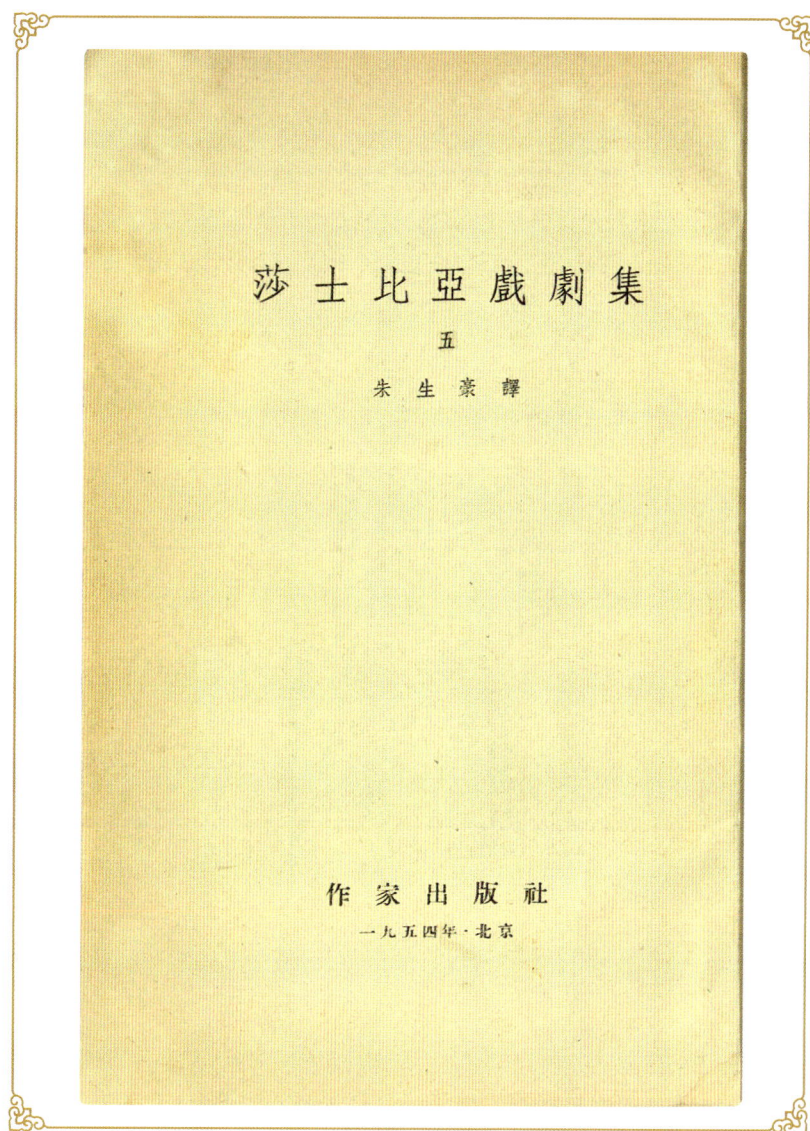

《莎士比亚戏剧集》（五）

[英国]莎士比亚著　朱生豪译

作家出版社1954年5月出版

平装　32开　书号　作34　定价 9,000 元

精装　定价 12,000 元

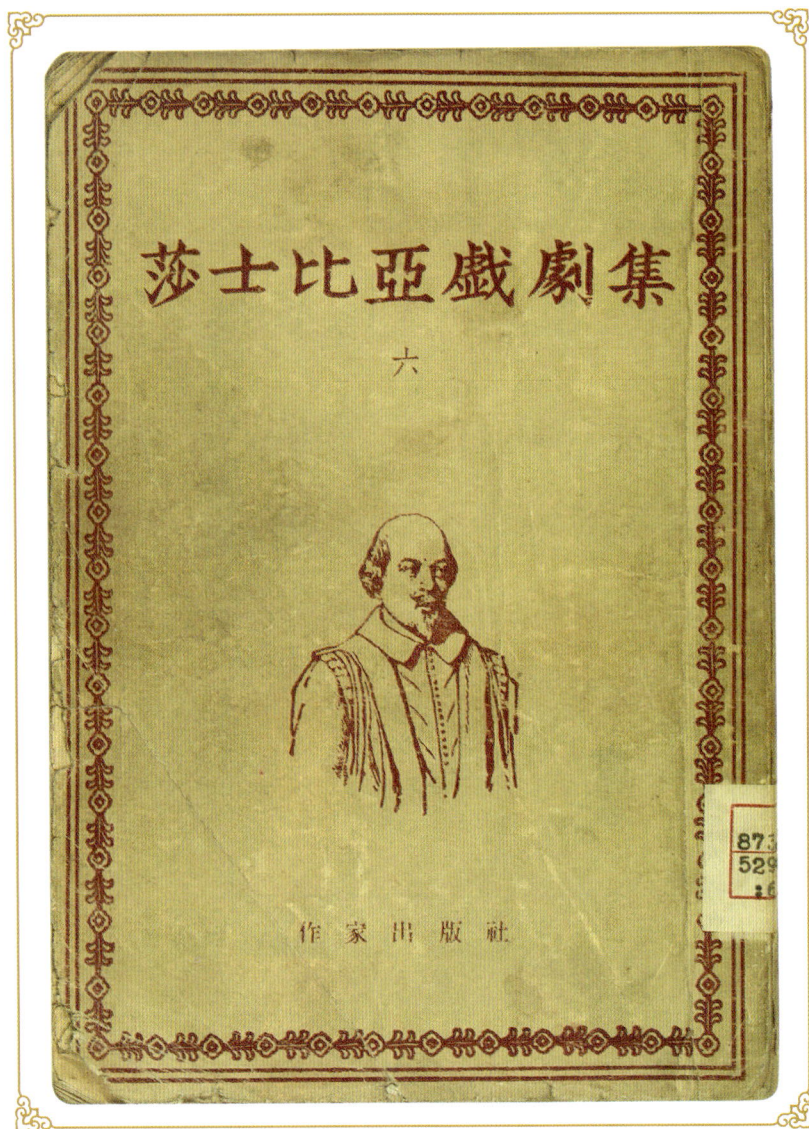

《莎士比亚戏剧集》（六）

[英国]莎士比亚著 朱生豪译

作家出版社1954年5月出版

平装 32开 书号 作39 定价 7,700 元

精装 定价 10,500 元

《莎士比亚戏剧集》（七）

[英国]莎士比亚著 朱生豪译

作家出版社1954年5月出版

平装 32开 书号 作44 定价 8,000 元

精装 定价 11,000 元

《莎士比亚戏剧集》（八）

[英国]莎士比亚著　朱生豪译

作家出版社1954年6月出版

平装　32开　书号　作46　定价 8,500 元

精装　定价 11,500 元

《莎士比亚戏剧集》（九）

[英国]莎士比亚著　朱生豪译

作家出版社1954年6月出版

平装　32开　书号　作50　定价 6,800 元

精装　定价 9,900 元

莎 士 比 亞 戲 劇 集

十

朱 生 豪 譯

作 家 出 版 社
一九五四年·北京

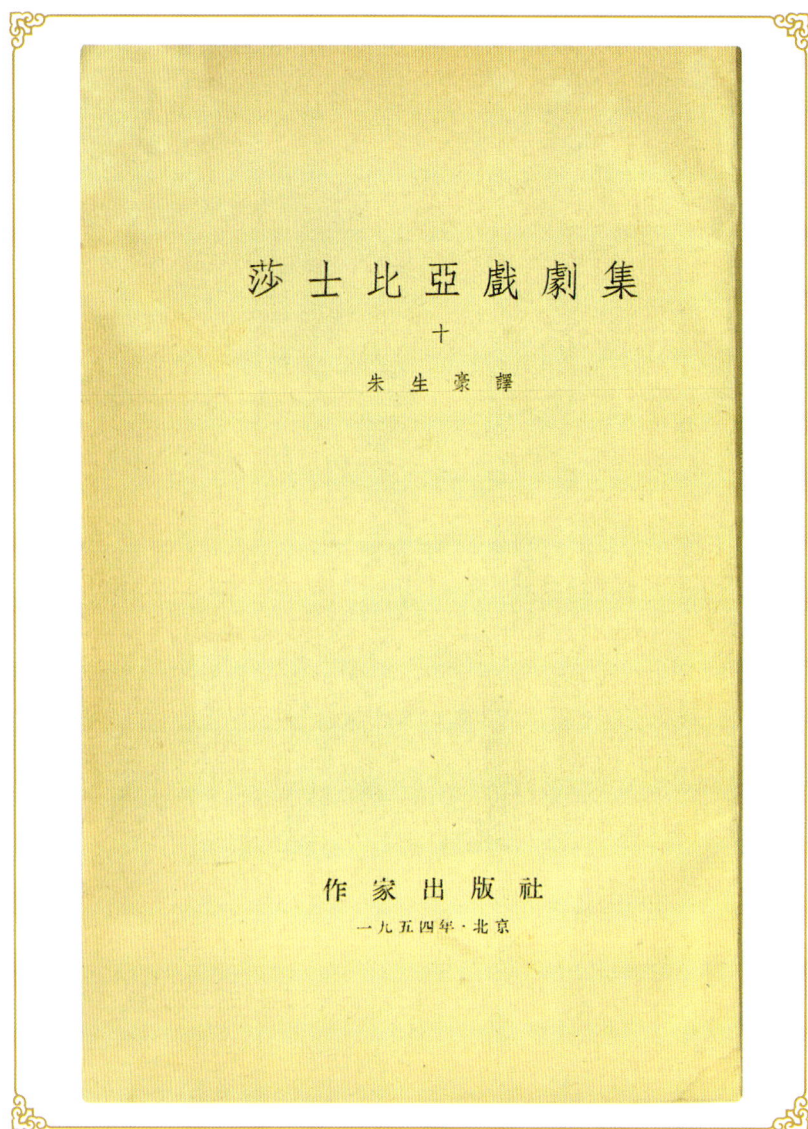

《莎士比亚戏剧集》（十）

[英国]莎士比亚著　朱生豪译

作家出版社1954年7月出版

平装　32开　书号　作60　定价 10,500 元

精装　定价 13,500 元

《莎士比亚戏剧集》（十一）

[英国]莎士比亚著　朱生豪译

作家出版社1954年8月出版

平装　32开　书号　作65　定价 8,100 元

精装　定价 11,500 元

《莎士比亚戏剧集》（十二）

[英国]莎士比亚著 朱生豪译

作家出版社1954年8月出版

平装 32开 书号 作67 定价 15,000 元

《雨果诗选》　[法国]雨果著　闻家驷译

作家出版社1954年4月出版

平装　32开　书号　作40　定价 4,400 元

精装　定价 7,600 元

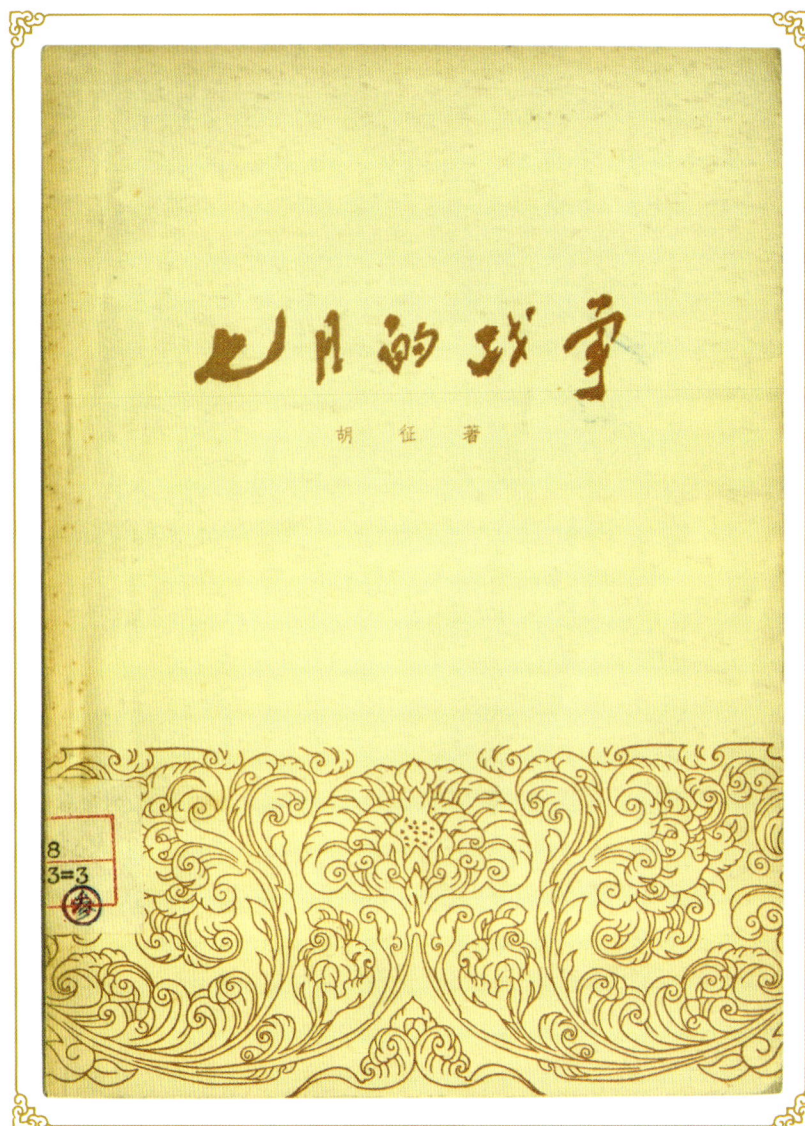

《七月的战争》 胡征著

作家出版社1954年4月出版

平装 32开 书号 作3 定价 4,000 元

《清明时节》　张天翼著
作家出版社1954年4月出版
平装　32开　书号　作42　定价 2,800 元

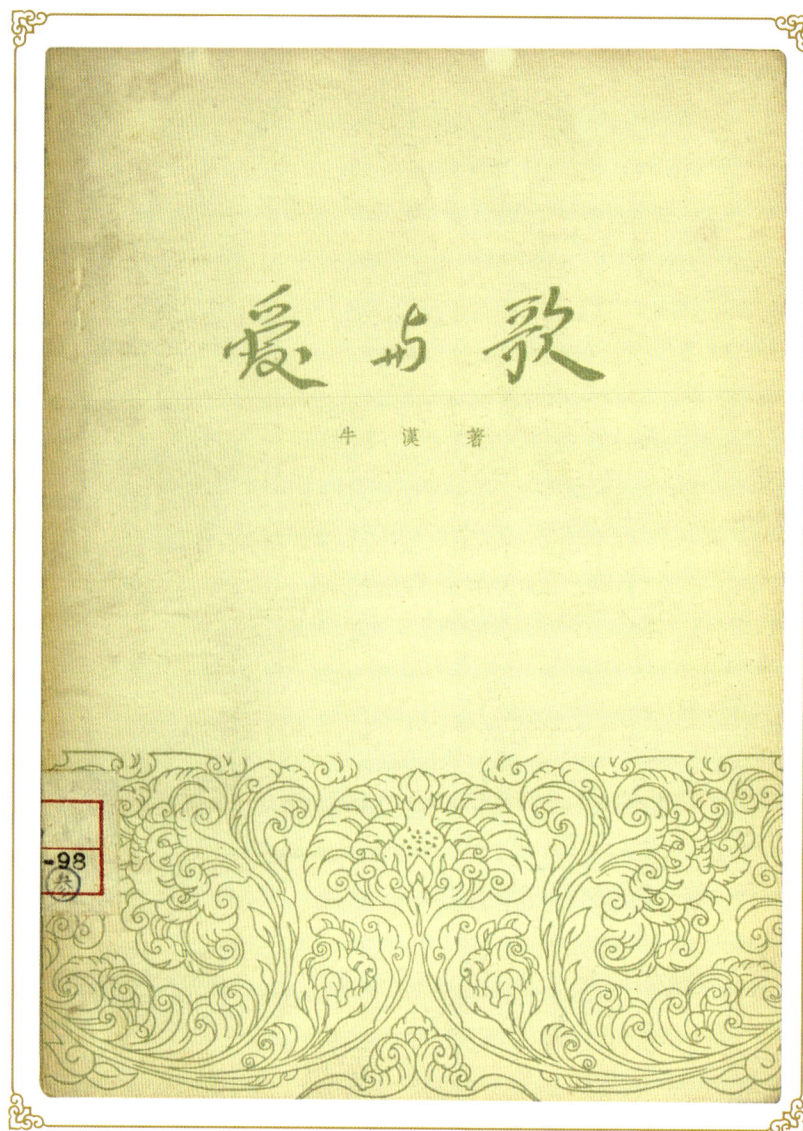

《爱与歌》 牛汉著
作家出版社1954年6月出版
平装 32开 书号 作57 定价 4,800 元

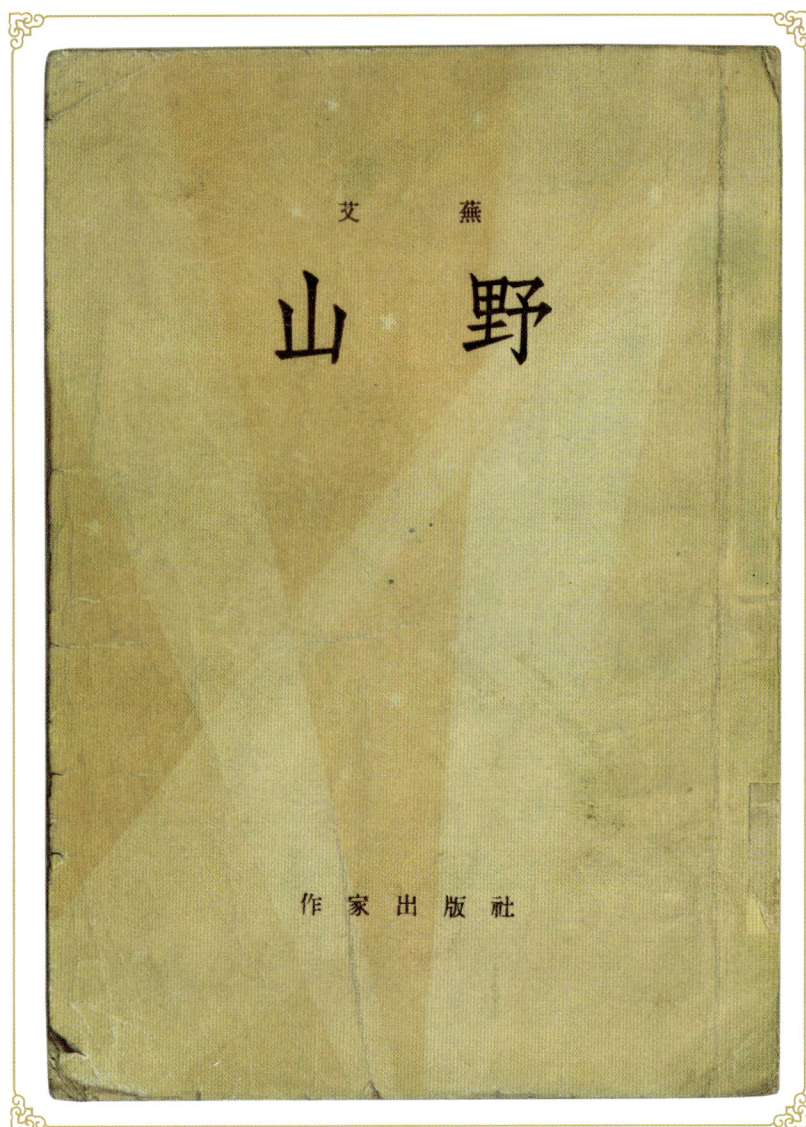

艾　蕪

山　野

作　家　出　版　社

《山野》　艾芜著

作家出版社1954年7月出版

平装　32开　书号　10020·61　定价 10,500 元

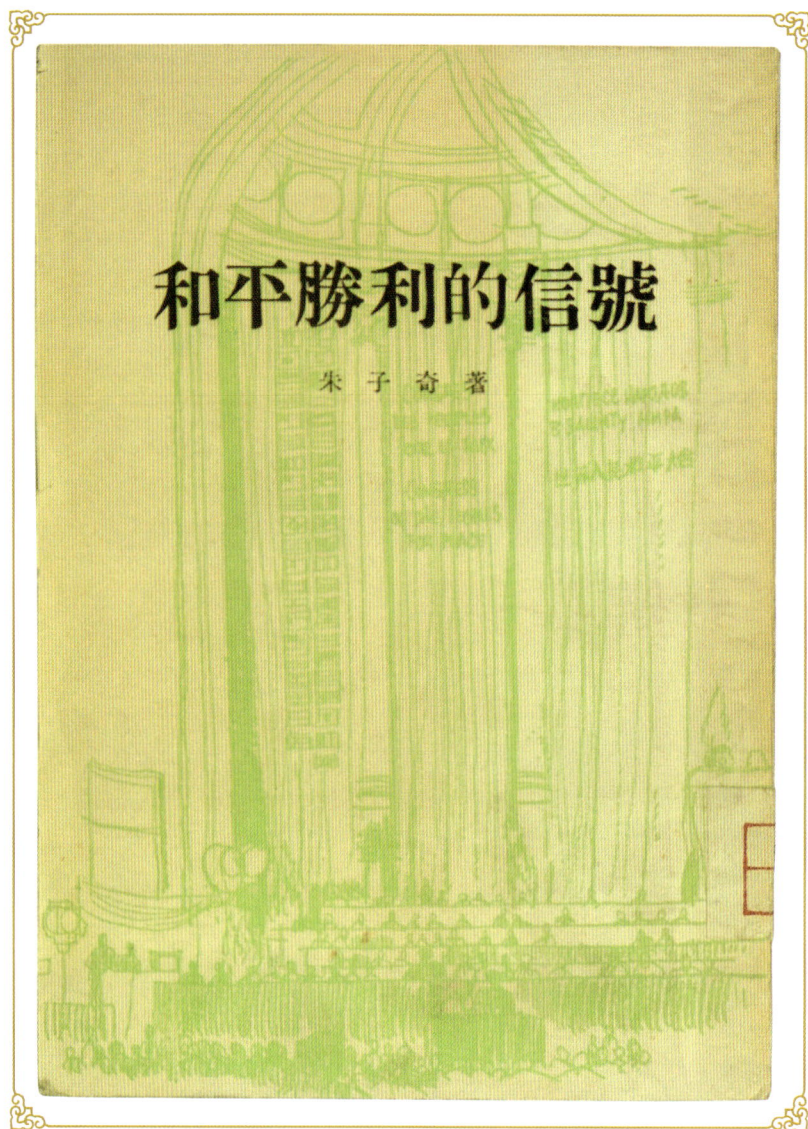

《和平胜利的信号》 朱子奇著
作家出版社1954年6月出版
平装 32开 书号 作52 定价 5,400 元

《工作着是美丽的》 陈学昭著

作家出版社1954年7月出版

平装 32开 书号 10020·59 定价 10,500 元

英雄與孩子

嚴 辰 著

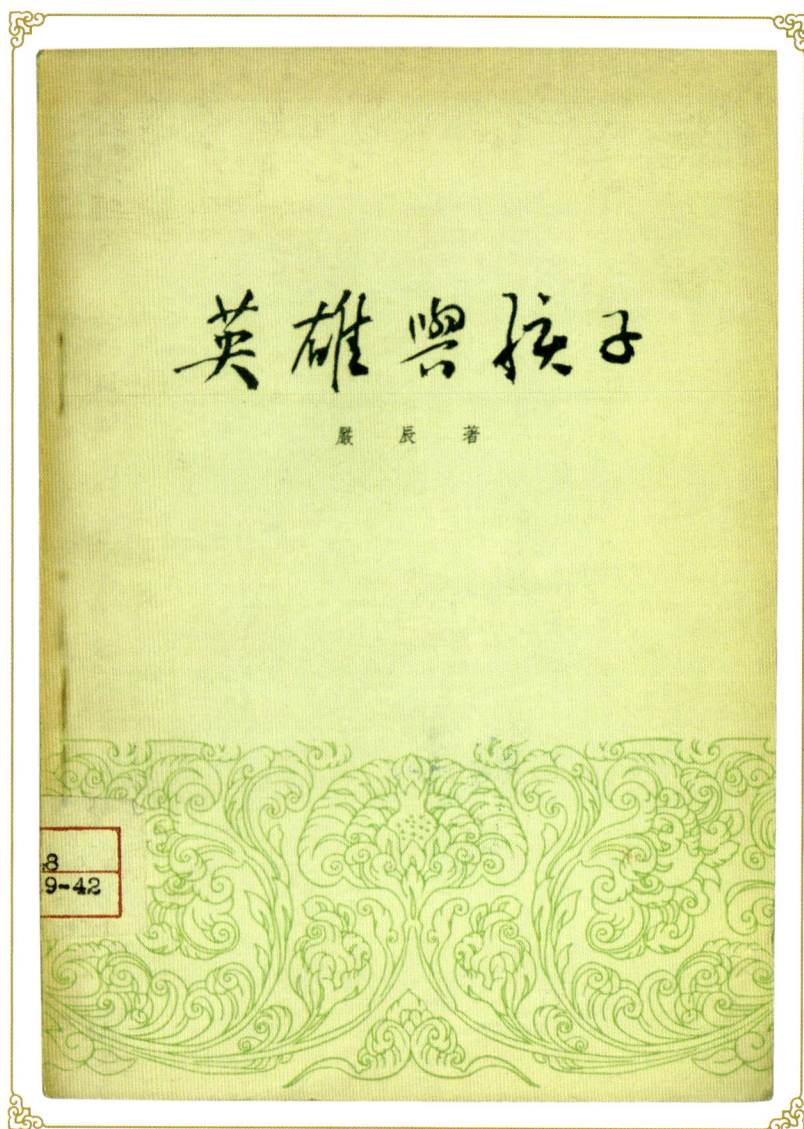

《英雄与孩子》　严辰著
作家出版社1954年7月出版
平装 32开 书号 作70 定价 3,000 元

《钦差大臣》 [俄国]果戈理著 芳信译
作家出版社1954年7月出版
平装 32开 书号 作66 定价 4,400 元

《吉诃德先生传》　[西班牙]塞万提斯著　伍实译

作家出版社1954年9月出版

精装　大32开　书号　作104　定价 2,200 元

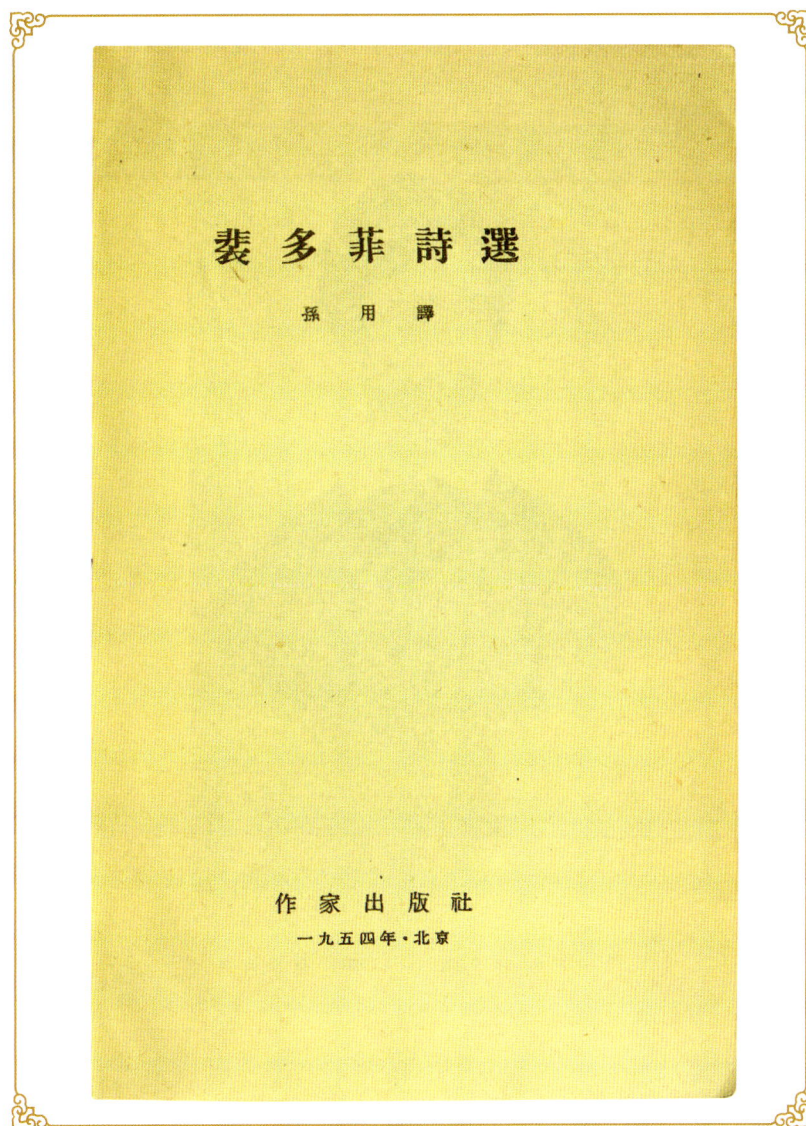

《裴多菲诗选》　[匈牙利]裴多菲著　孙用译
作家出版社1954年10月出版
平装　大32开　书号　作85　定价 13,000 元

《月黑夜》 杨朔著
作家出版社1954年11月出版
平装 32开 书号 10020·110 定价 4,300 元

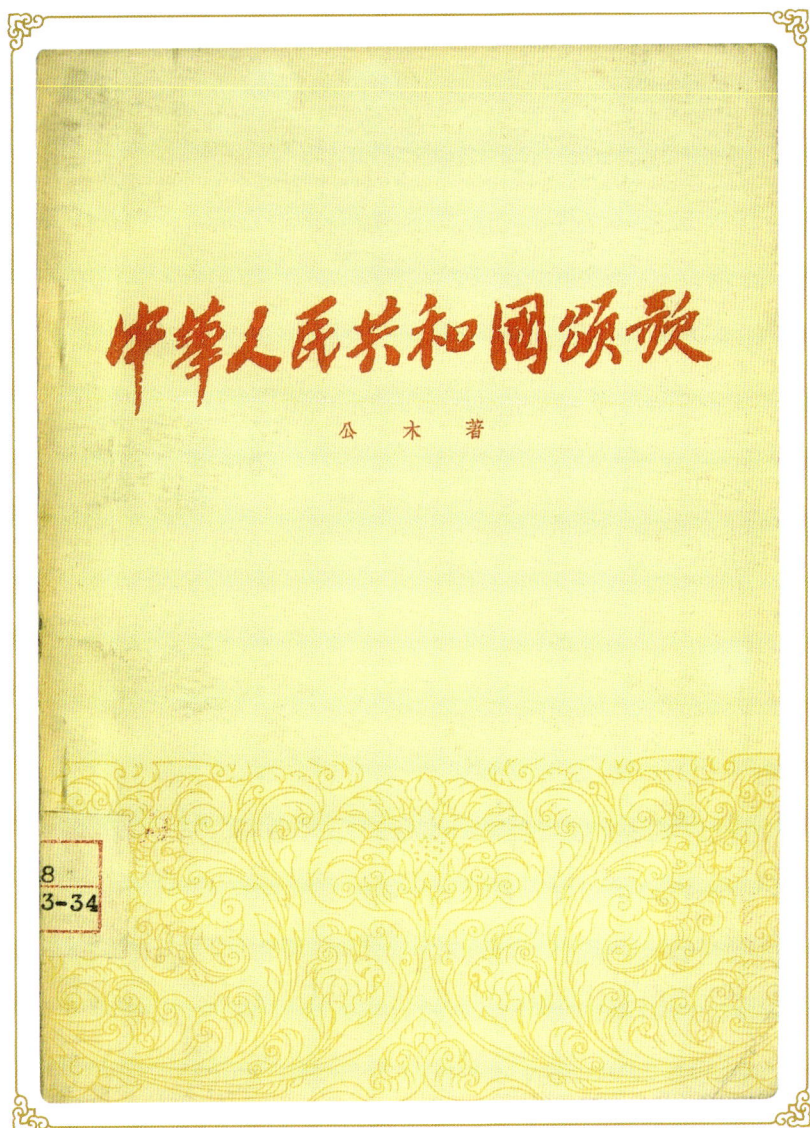

《中华人民共和国颂歌》　公木著

作家出版社1954年12月出版

平装　32开　书号　作121　定价 3,100 元

沙　汀

淘　金　記

作　家　出　版　社

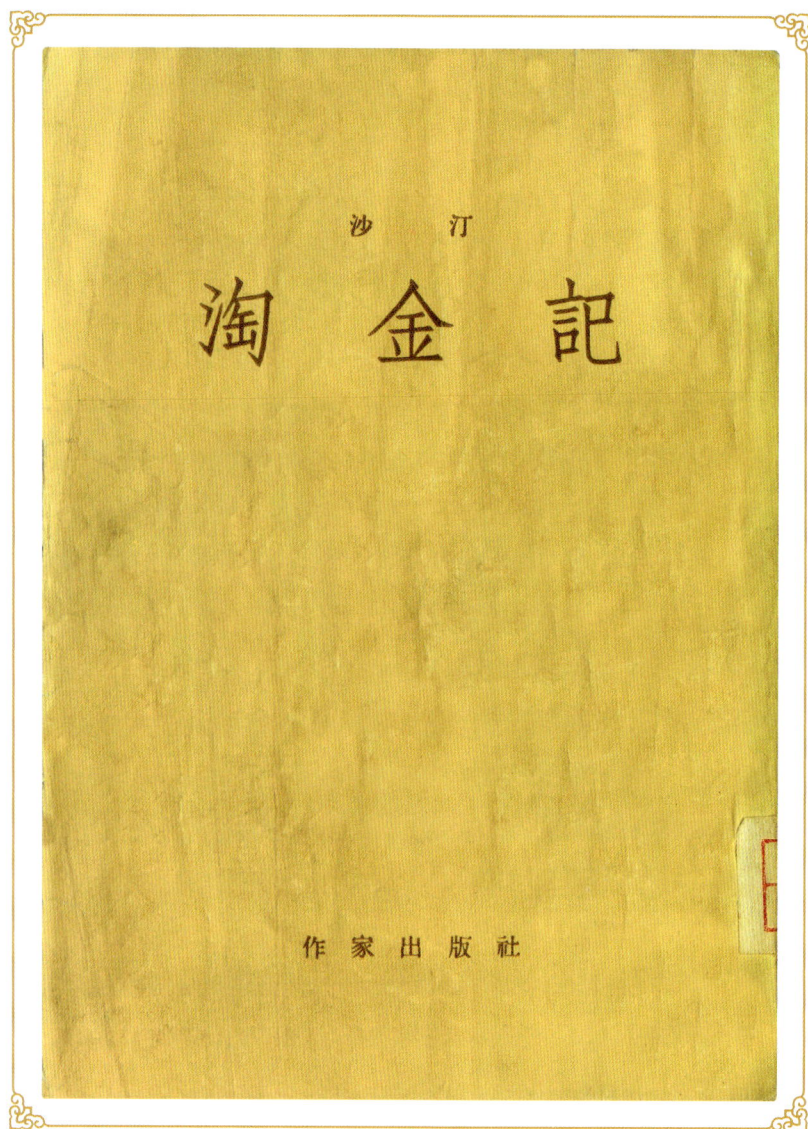

《淘金记》 沙汀著
作家出版社1954年12月出版
平装 32开 书号 作103 定价 9,600 元

《李闯王》（五幕话剧）　阿英著

作家出版社1955年3月出版

《伪君子》 [法国]莫里哀著　赵少侯译

作家出版社1955年7月出版

平装　32开　书号　作198　定价 0.63 元

《亚洲的新纪元》 黄钢著
作家出版社1955年6月出版
平装 32开 书号 作184 定价 0.26 元

茶花女

小仲馬 著

齊放 譯

作家出版社
一九五五年·北京

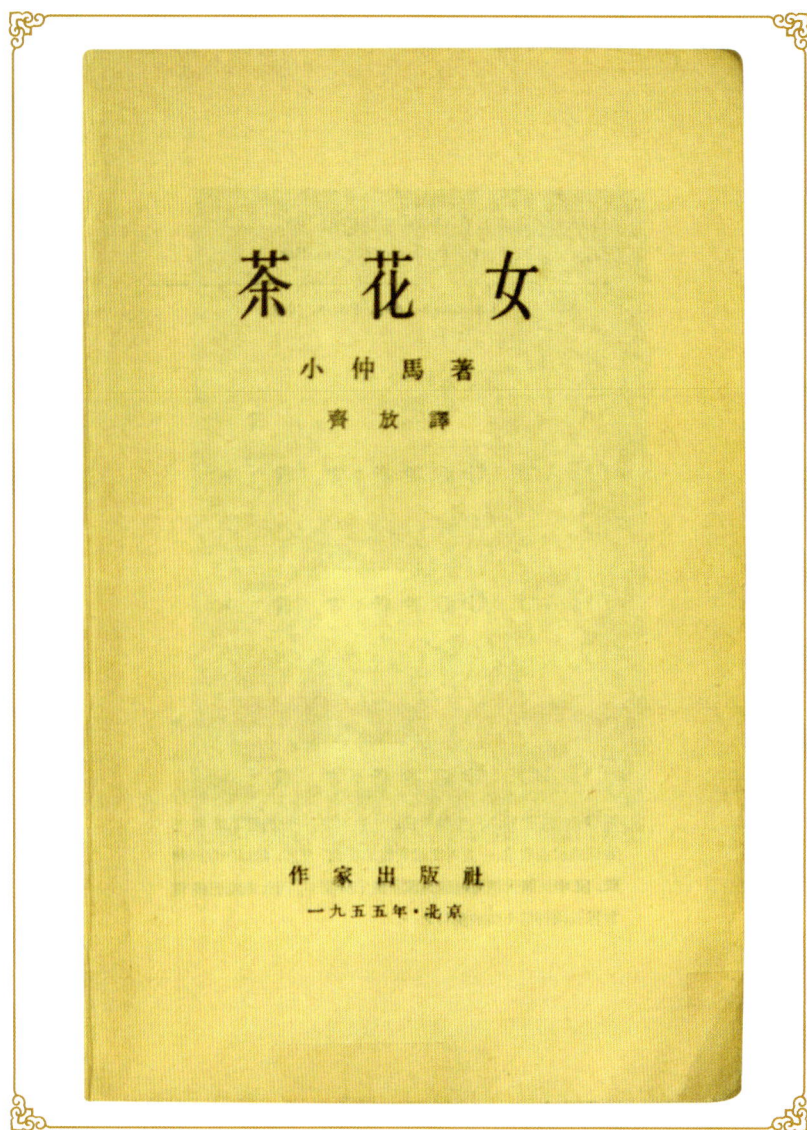

《茶花女》 [法国]小仲马著 齐放译
作家出版社1955年8月出版
平装 32开 书号 作234 定价 0.43 元

《月夜到黎明》 白朗著

作家出版社1955年10月出版

平装 32开 书号 10020·193 定价 1.08 元

《桦树沟》 李伯钊著

作家出版社1955年11月出版

平装 32开 书号 作294 定价 0.97 元

1956年5月版 平装 32开 书号 10020·292 定价 0.89 元

《欧游札记》 田间著
作家出版社1956年1月出版
平装 大32开 书号 10020·301 定价 0.64 元

柯　灵

遙夜集

作家出版社

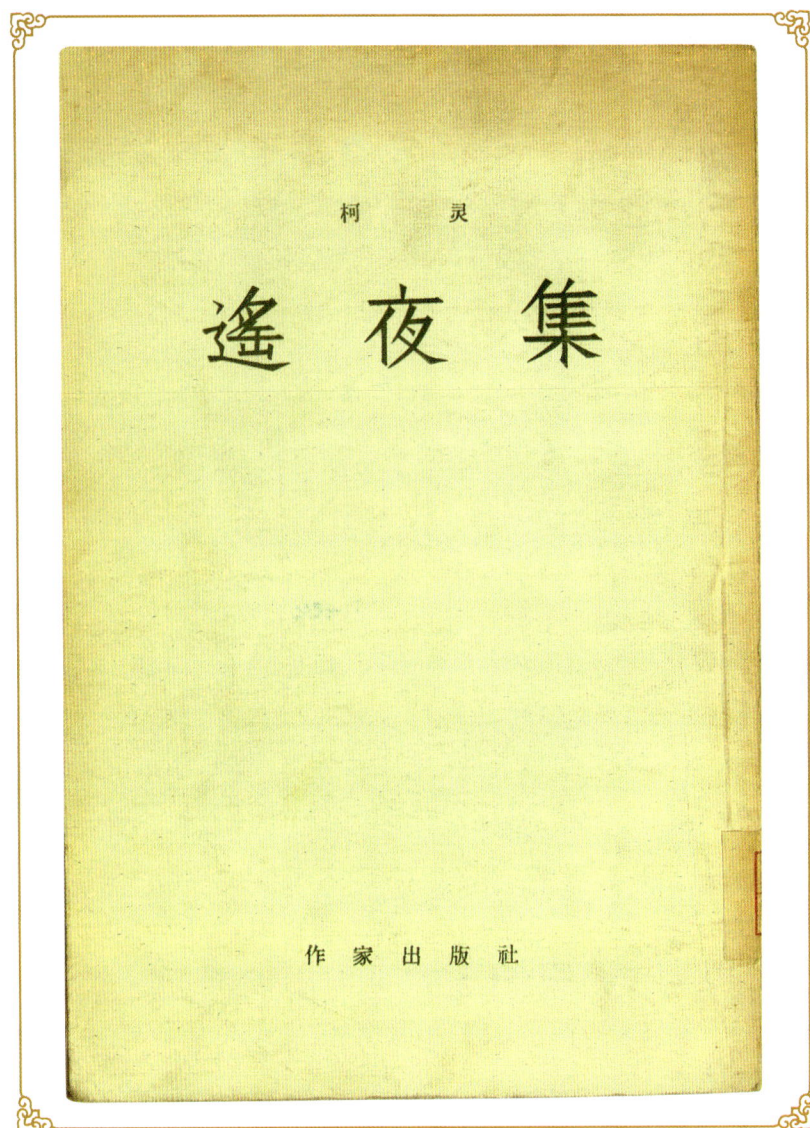

《遥夜集》　柯灵著
作家出版社1956年4月出版
平装　大32开　书号　作331　定价 0.98 元

《匈捷访问记》 雷加著
作家出版社1956年4月出版
平装 32开 书号 10020·378 定价 0.65 元

关於鞭子的雜感

嚴文井著

作家出版社

《关于鞭子的杂感》 严文井著
作家出版社1956年4月出版
平装 32开 书号 10020·414 定价 0.30 元

给同志們

邵燕祥著

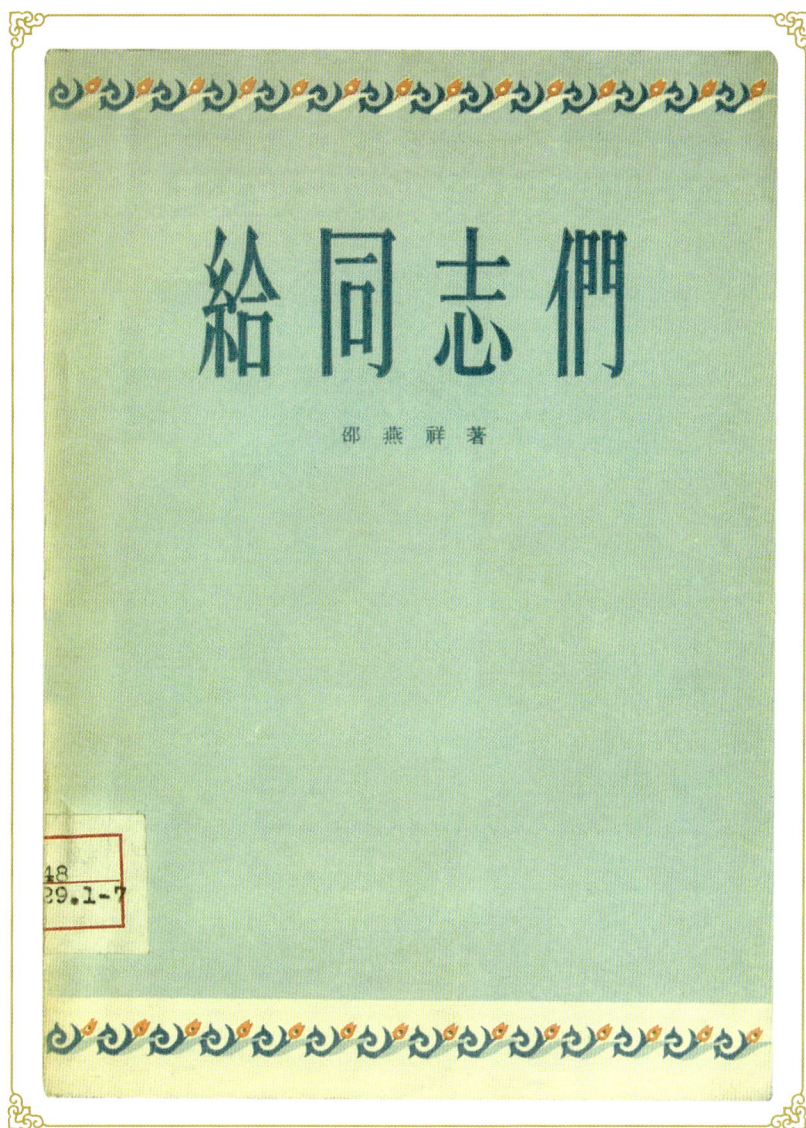

《给同志们》　邵燕祥著

作家出版社1956年5月出版

平装　32开　书号　10020・411　定价 0.24 元

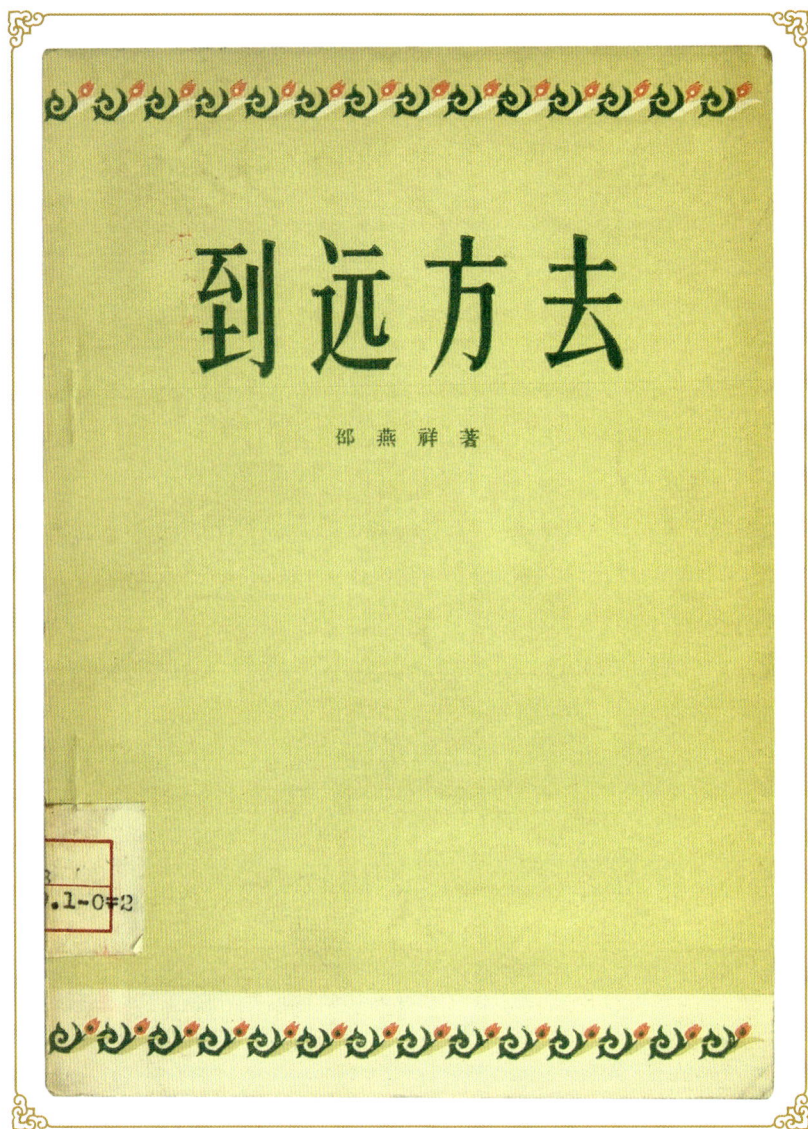

《到远方去》 邵燕祥著
作家出版社1956年7月出版
平装 32开 书号 10020·491 定价 0.35 元

《浮士德博士的悲剧》

[英国]克利斯朵夫·马洛著 戴镏龄译

作家出版社1956年7月出版

平装 32开 书号 10020·450 定价 0.26 元

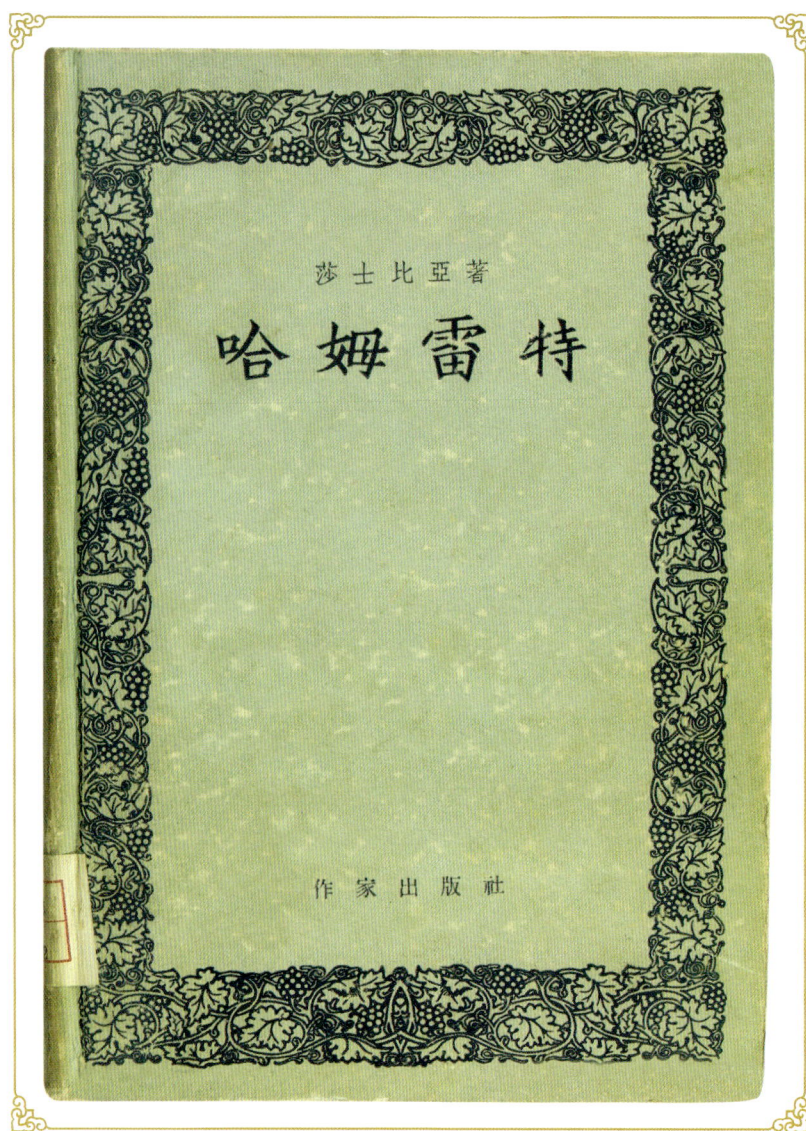

《哈姆雷特》 [英国]莎士比亚著 卞之琳译

作家出版社1956年9月出版

精装 大32开 书号 10020·456 定价 1.00 元

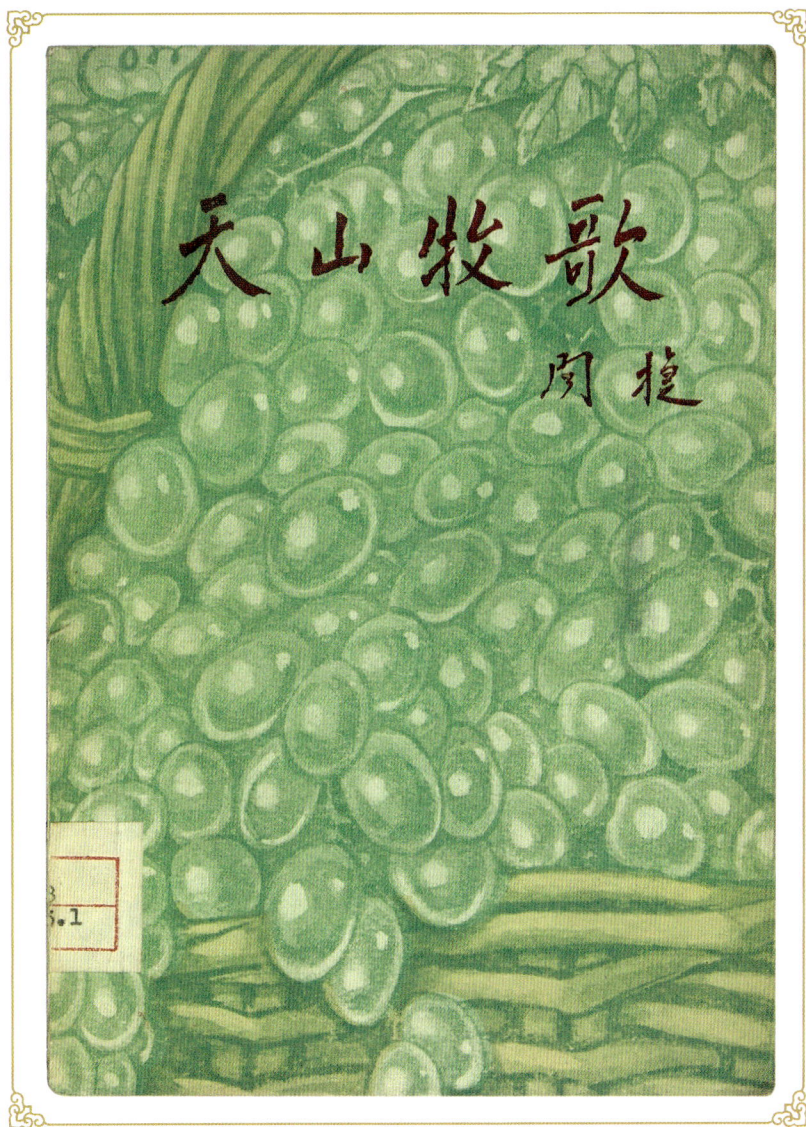

《天山牧歌》 闻捷著
作家出版社1956年9月出版
平装 32开 书号 10020·579 定价 0.40 元

在更高的路程上

康濯 著

作 家 出 版 社

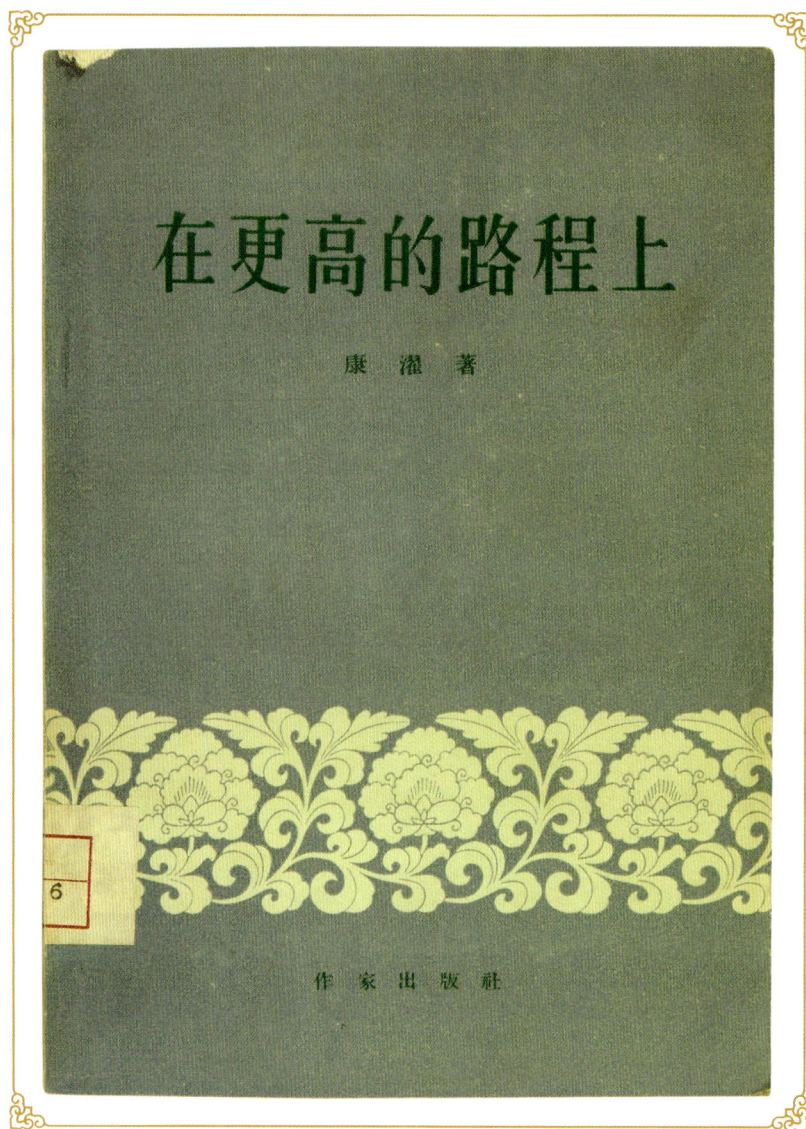

《在更高的路程上》 康濯著
作家出版社1956年10月出版
平装 32开 书号 10020·609 定价 0.50 元

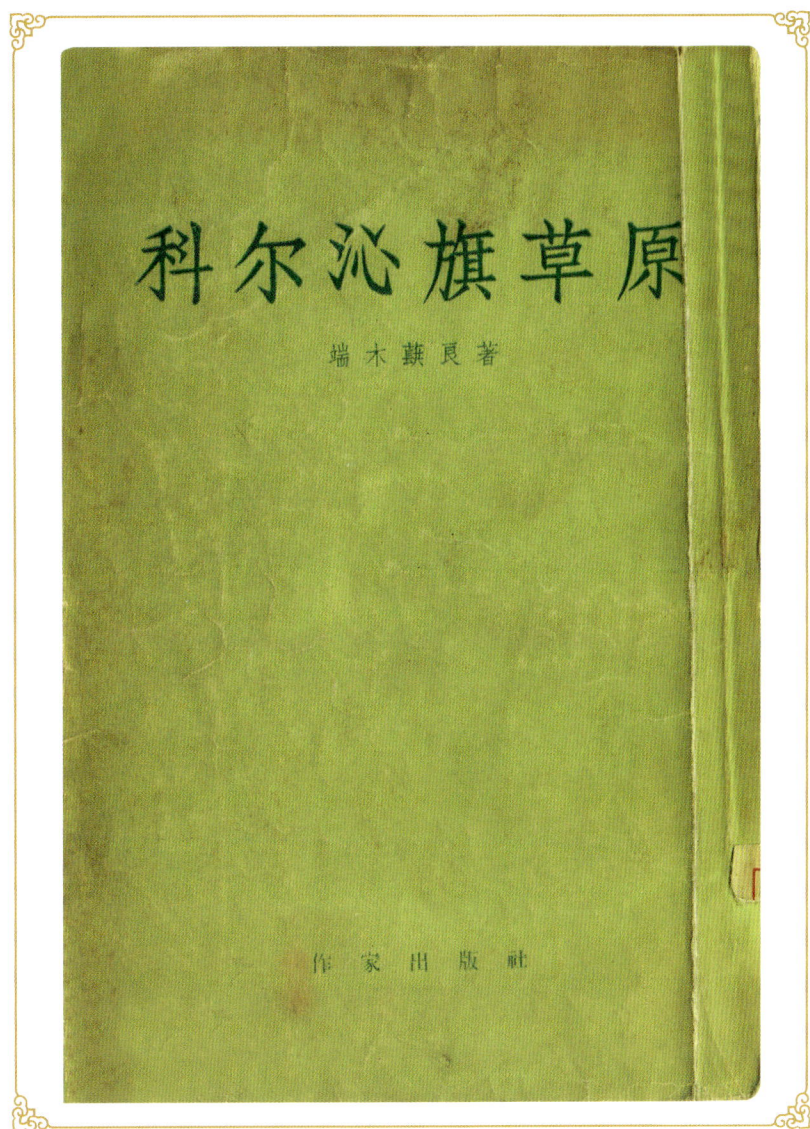

《科尔沁旗草原》 端木蕻良著

作家出版社1956年11月出版

平装 大32开 书号 10020·226 定价 1.40 元

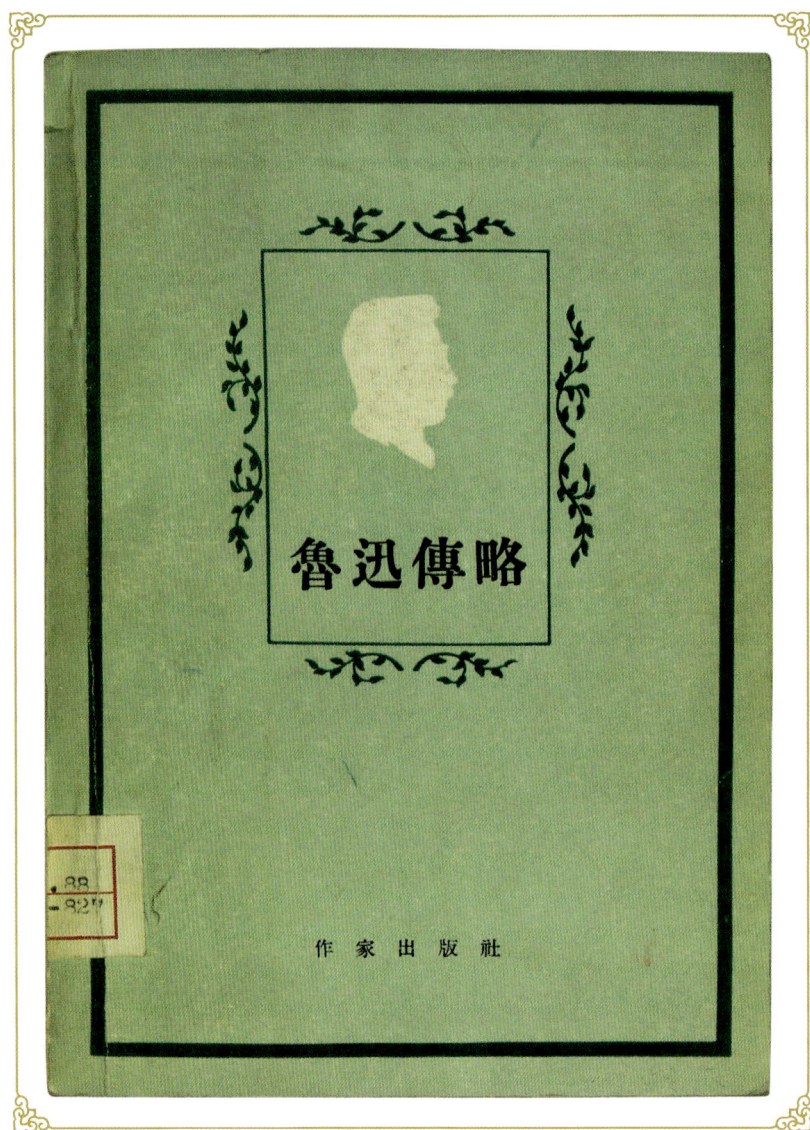

《鲁迅传略》 朱正著

作家出版社1957年1月出版

平装 32开 书号 10020·657 定价 0.55 元

《浪花》　林默涵著
作家出版社1957年3月出版
平装　32开　书号　10020·655　定价 0.50 元

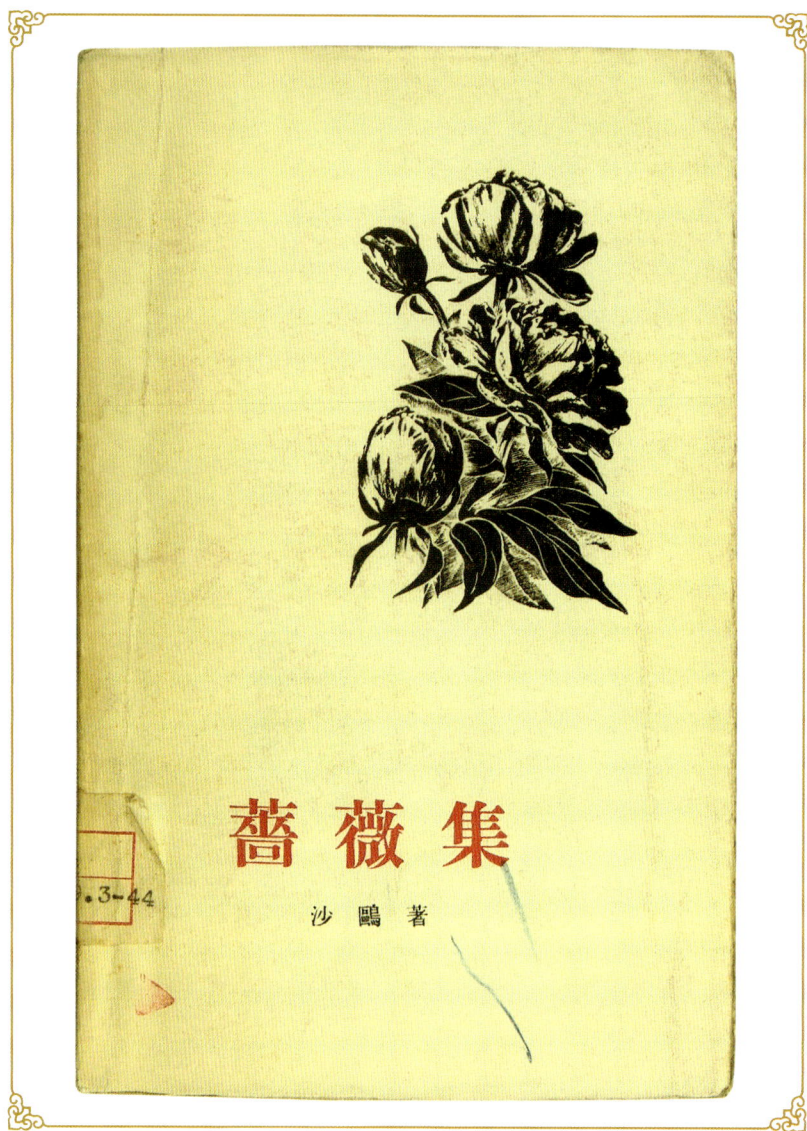

《蔷薇集》 沙鸥著
作家出版社1957年4月出版
纸精 32开 书号 10020·677 定价 0.40 元

《第一支歌》 苗得雨 闫一强著
作家出版社1957年5月出版
平装 32开 书号 10020·527 定价 0.34 元

《告别火星》 流沙河著
作家出版社1957年5月出版
半精 32开 书号 10020·700 定价 0.26 元

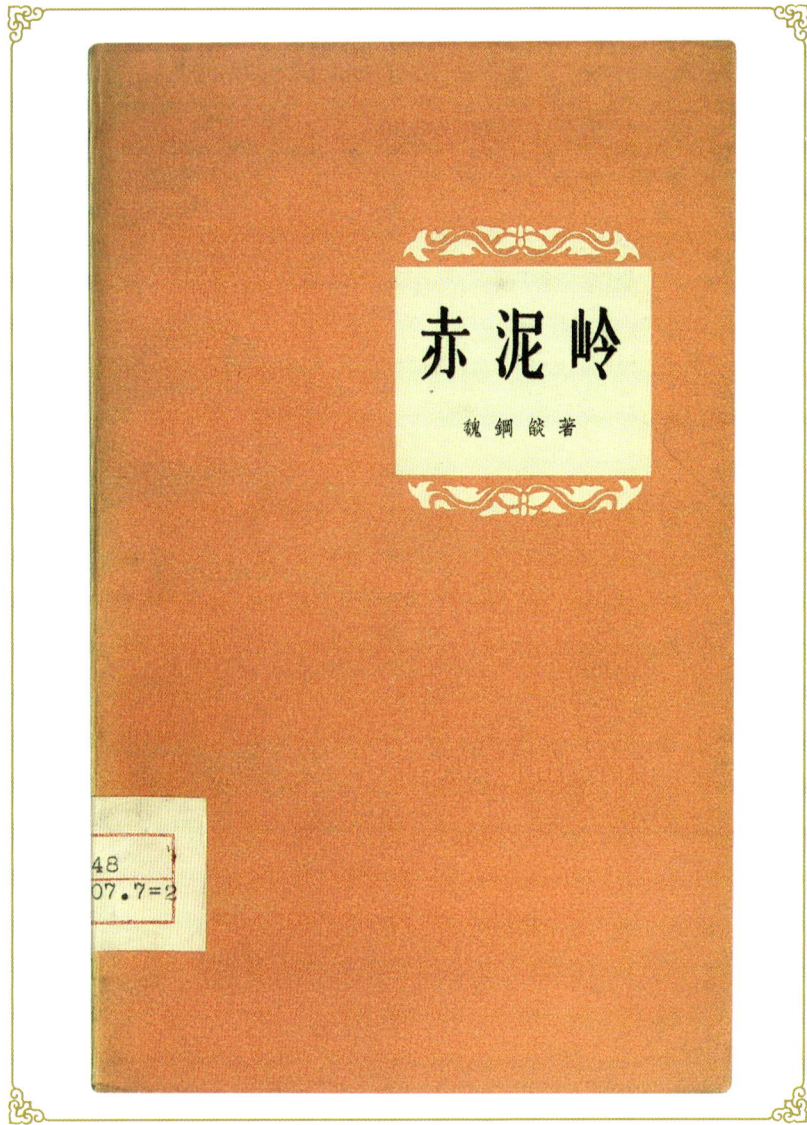

《赤泥岭》　魏钢焰著
作家出版社1957年5月出版
半精　诗开　书号　10020·709　定价 0.20 元

《过去的年代》（下） 萧军著
作家出版社1957年6月出版
平装 大32开 书号 10020·152 定价 3.50 元（上下两册）

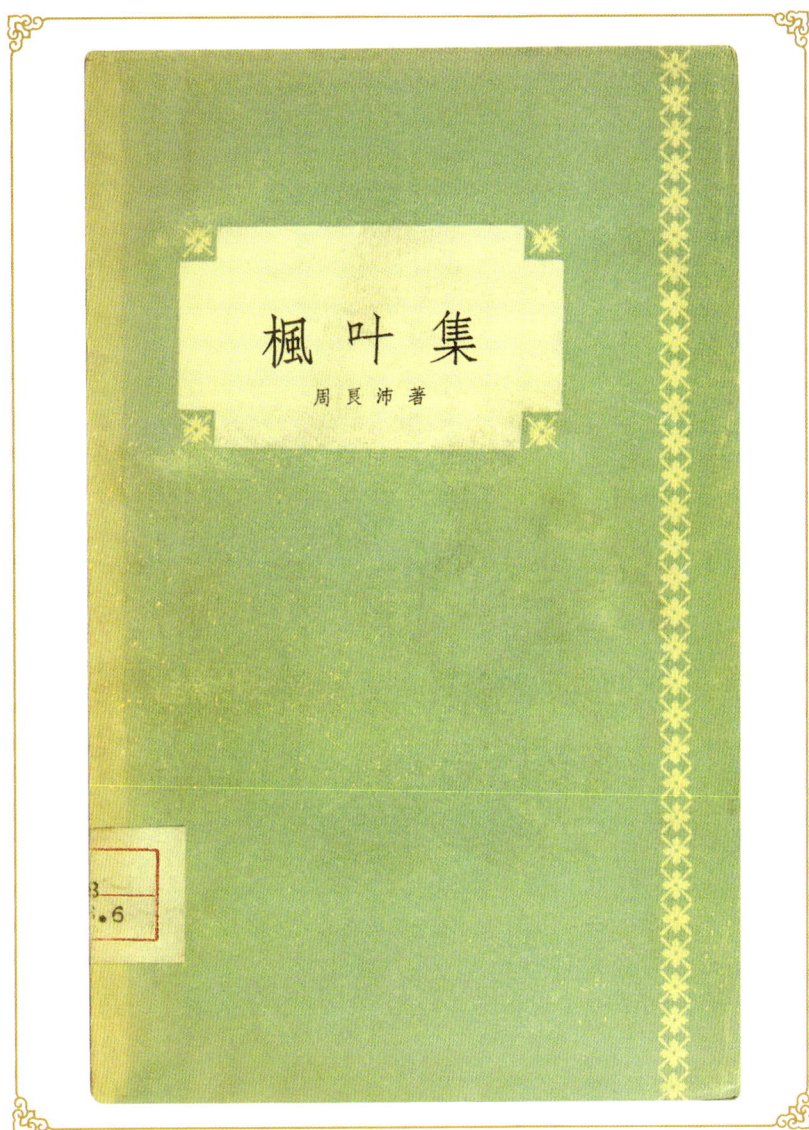

《枫叶集》 周良沛著
作家出版社1957年7月出版
半精 32开 书号 10020·690 定价 0.38 元

《春啊，春啊，播种的时候》 严阵著
作家出版社1957年8月出版
半精 32开 书号 10020·738 定价 0.50 元

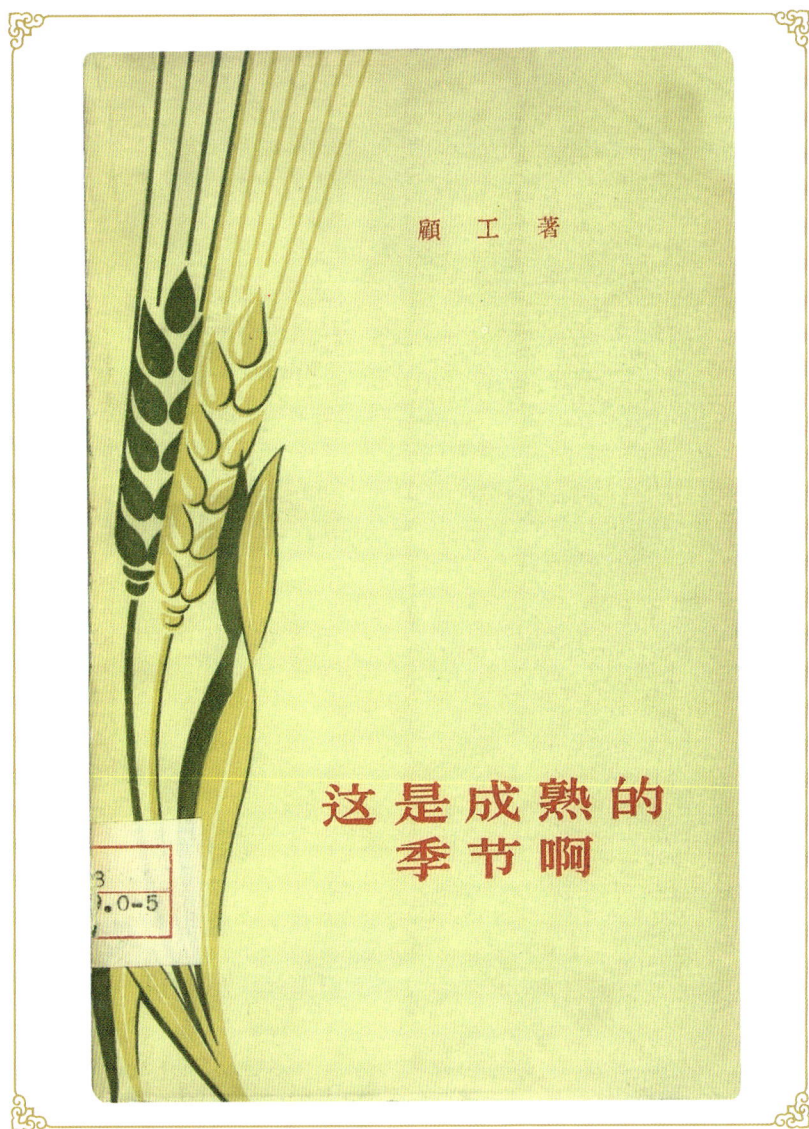

《这是成熟的季节啊》 顾工著

作家出版社1957年9月出版

半精 32开 书号 10020·234 定价 0.33 元

《在哈萨克牧场》 碧野著
作家出版社1957年9月出版
平装 32开 书号 10020·732 定价 0.95 元

最 好 的 玫 瑰

严 辰 著

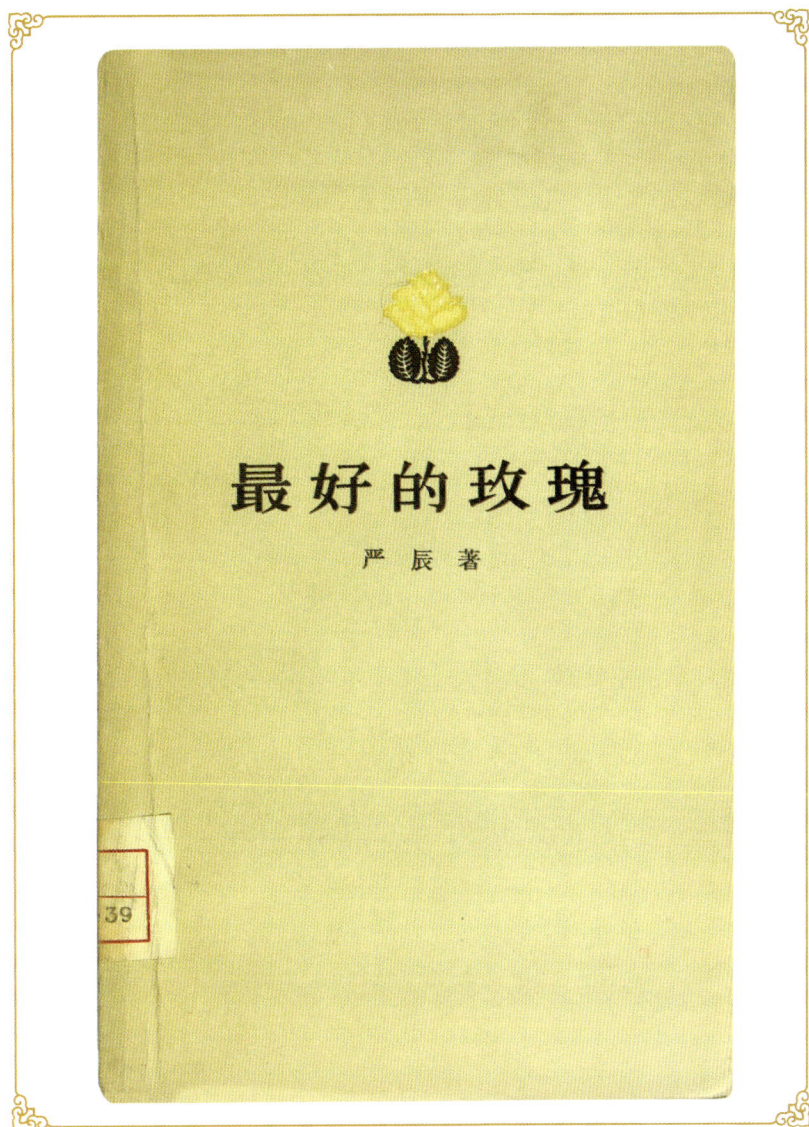

《最好的玫瑰》　严辰著
作家出版社1957年9月出版
半精　32开　书号　10020·744　定价 0.43 元

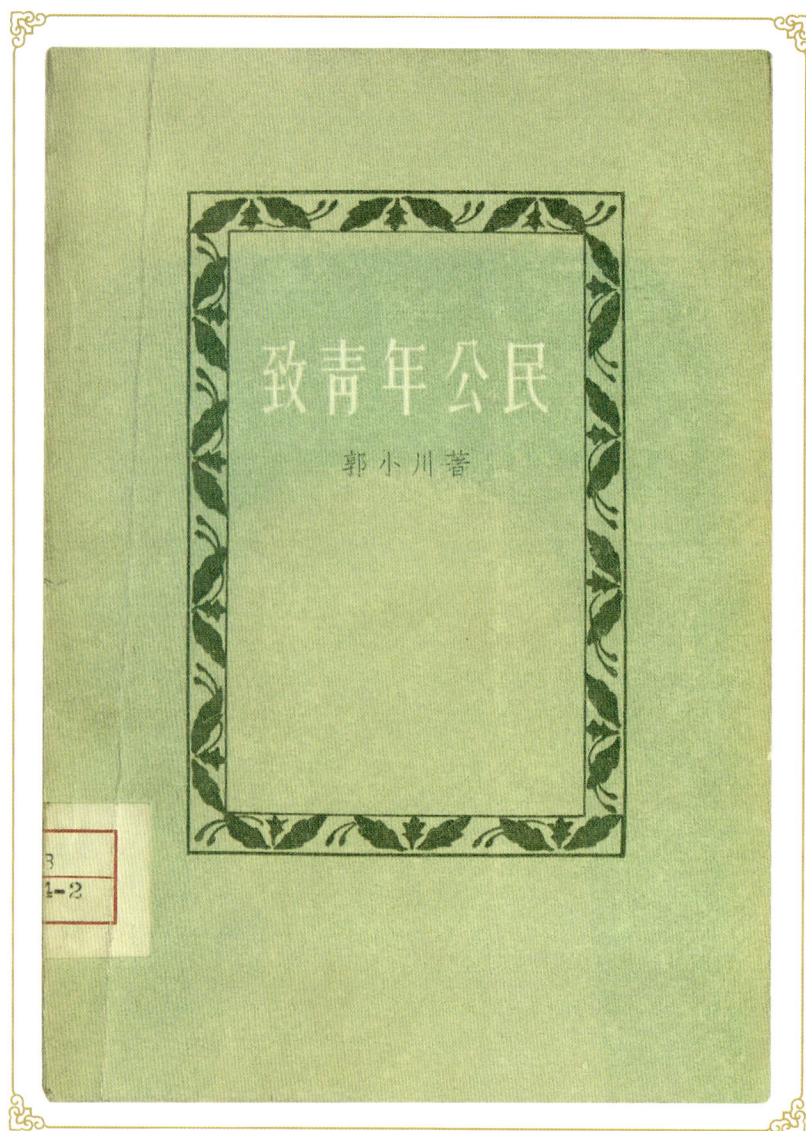

《致青年公民》 郭小川著
作家出版社1957年12月出版
平装 32开 书号 10020·715 定价 0.38 元

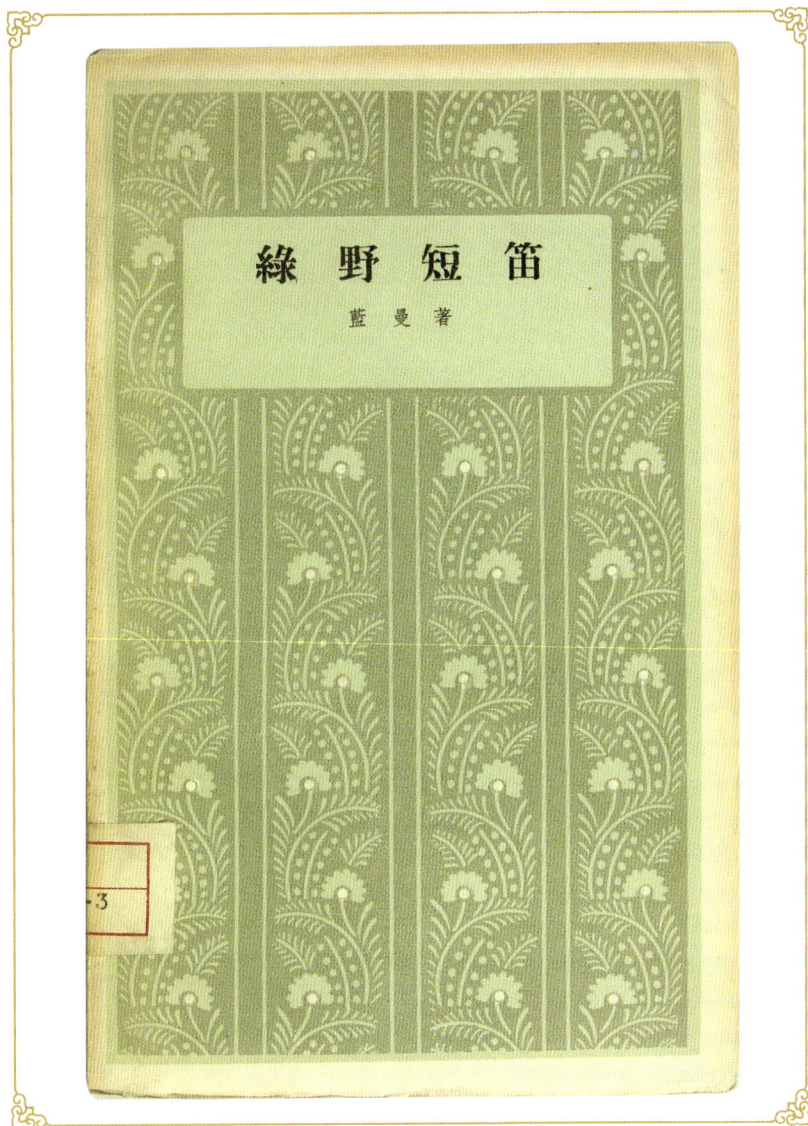

《绿野短笛》 蓝曼著
作家出版社1957年12月出版
半精 32开 书号 10020·774 定价 0.36 元

《黑人诗选》 [美国]朗斯敦•休士等著 张奇译

作家出版社1957年12月出版

半精 32开 书号 10020•769 定价 0.33 元

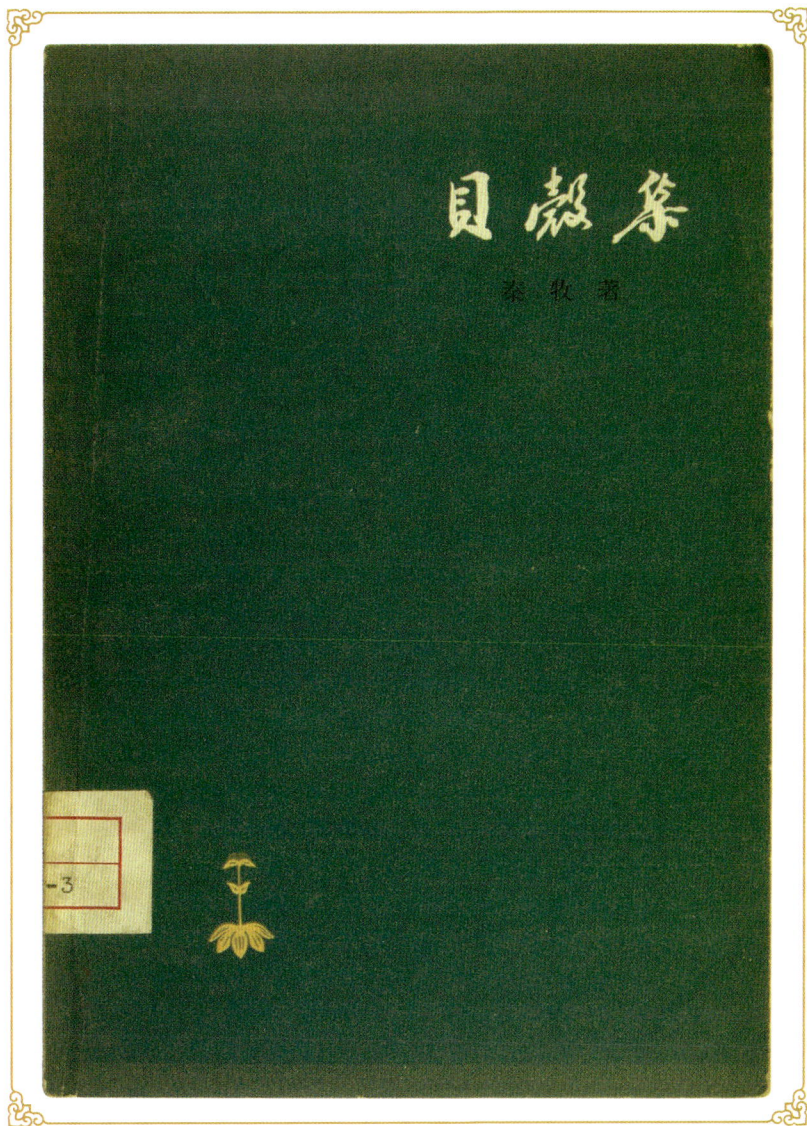

《贝壳集》 秦牧著
作家出版社1958年1月出版
平装 32开 书号 10020·785 定价 0.48 元

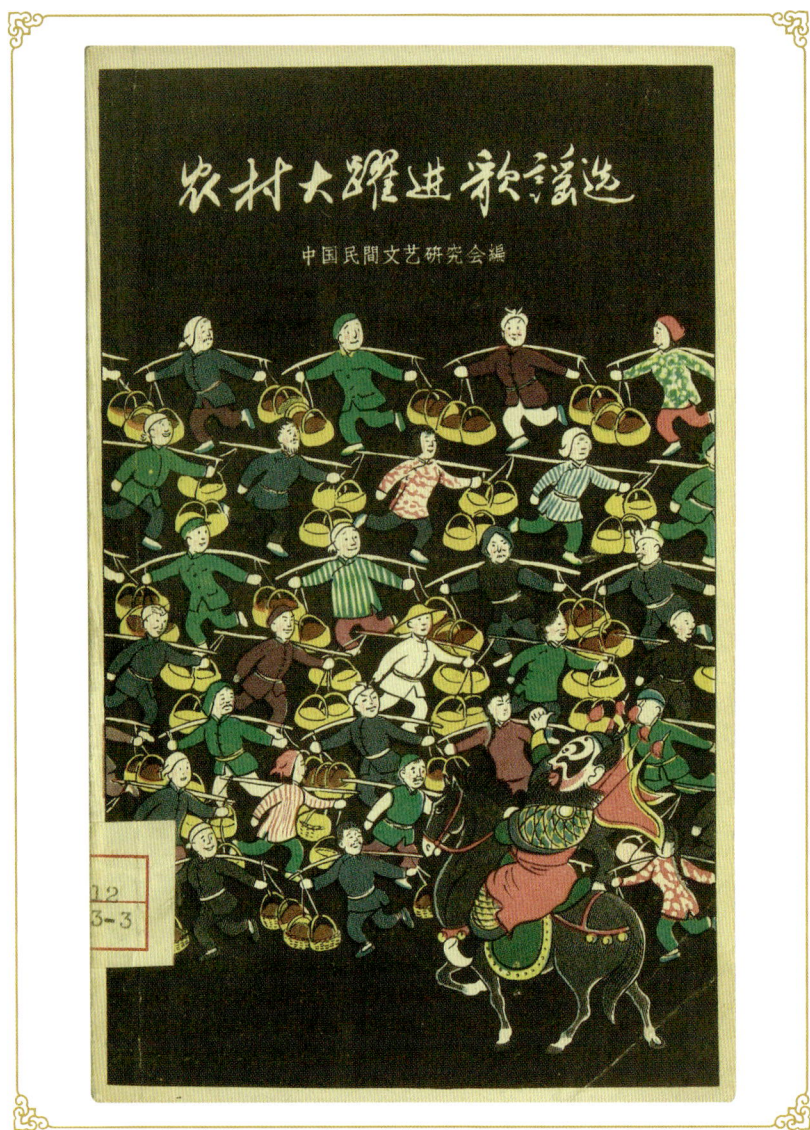

《农村大跃进歌谣选》 中国民间文艺研究会编
作家出版社1958年4月出版
平装 32开 书号 10020·840 定价 0.65 元

《大凉山之歌》 高缨著
作家出版社1958年4月出版
平装 32开 书号 10020・833 定价 0.17 元

《百炼成钢》 艾芜著
作家出版社1958年5月出版
平装 大32开 书号 10020·829 定价 1.10 元

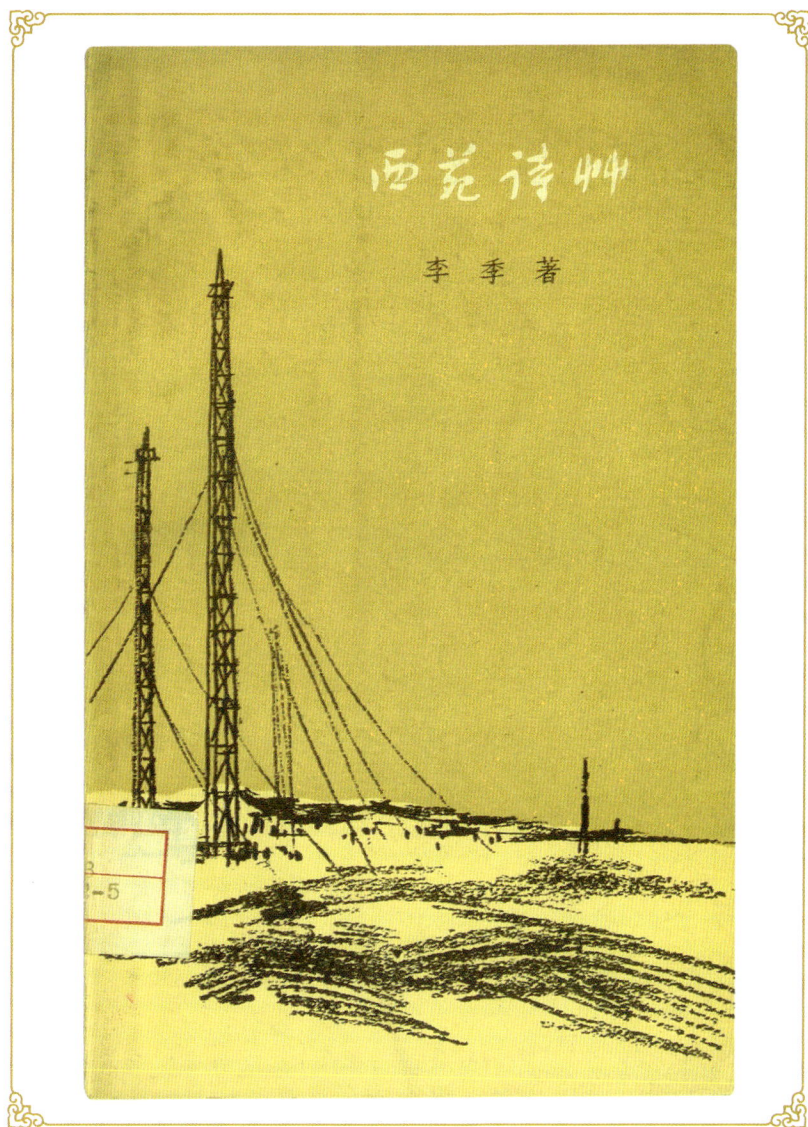

《西苑诗草》 李季著
作家出版社1958年6月出版
半精 32开 书号 10020·849 定价 0.22 元

《椰树的歌》 张永枚著

作家出版社1958年6月出版

半精 32开 书号 10020·848 定价 0.27 元

《春雷》 林斤澜著
作家出版社1958年7月出版
平装 32开 书号 10020·863 定价 0.60 元

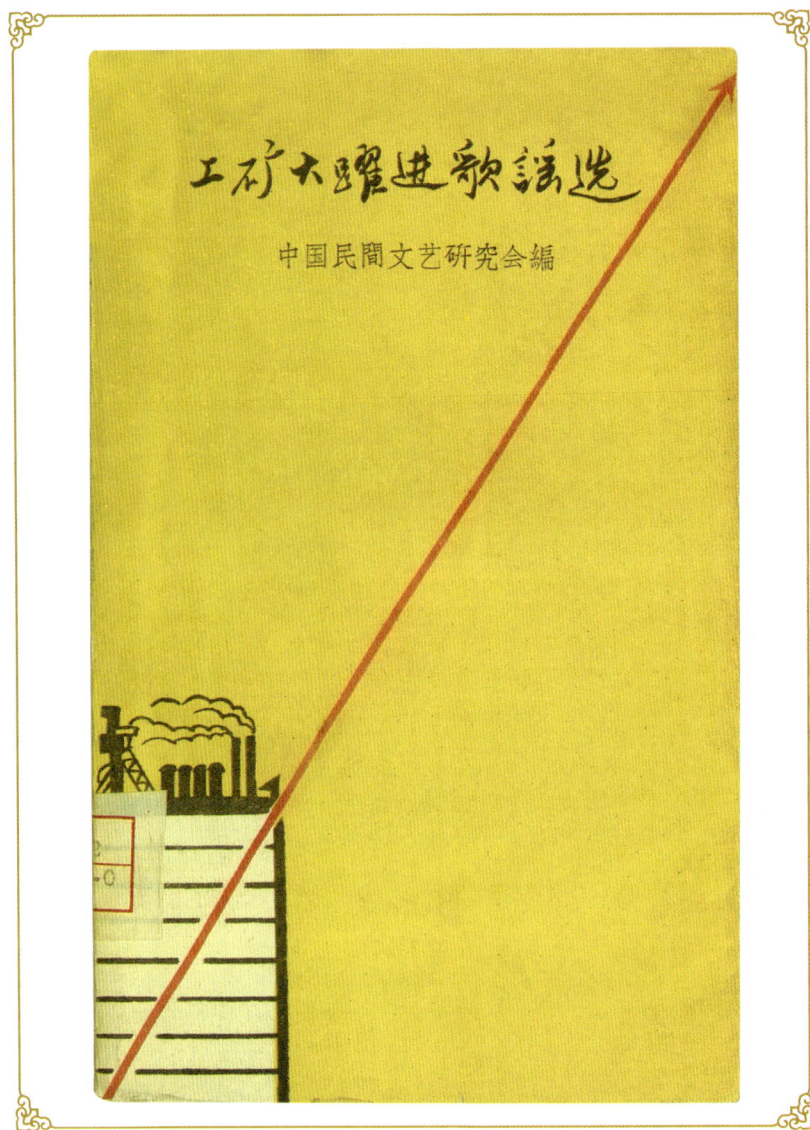

《工矿大跃进歌谣选》 中国民间文艺研究会编
作家出版社1958年7月出版
平装 32开 书号 10020·892 定价 0.46 元

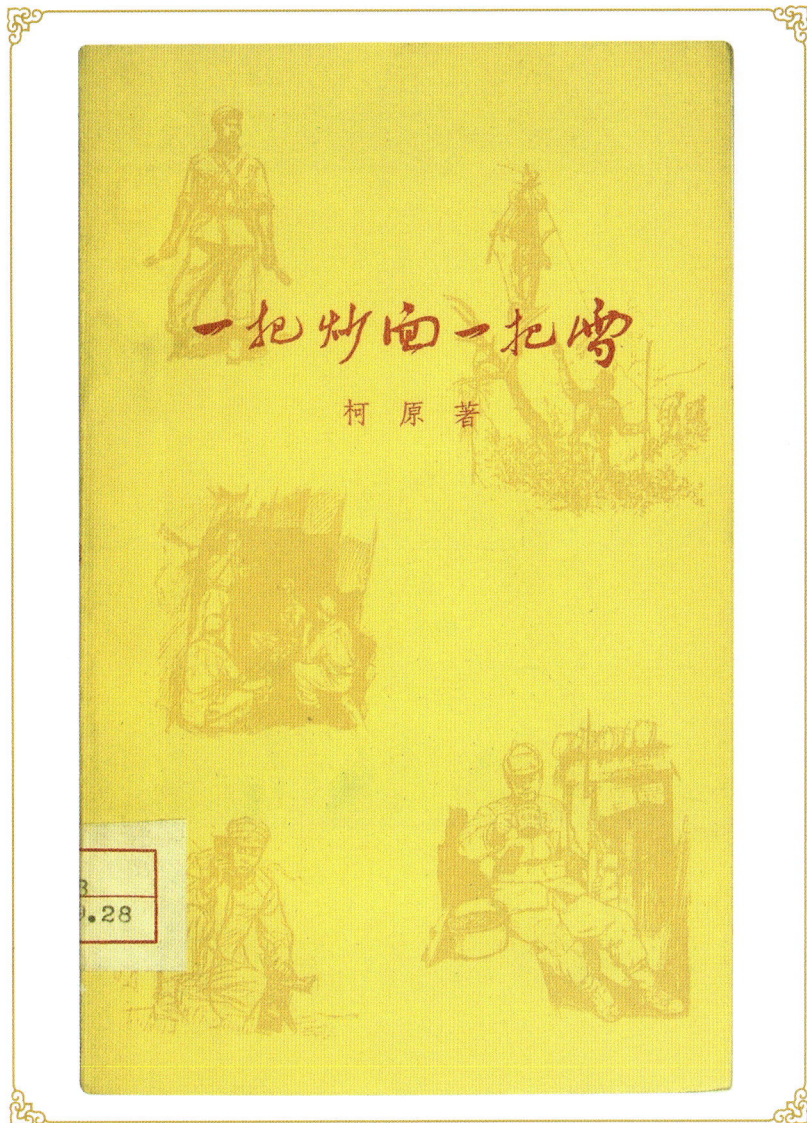

《一把炒面一把雪》 柯原著

作家出版社1958年7月出版

半精 32开 书号 10020・883 定价 0.32 元

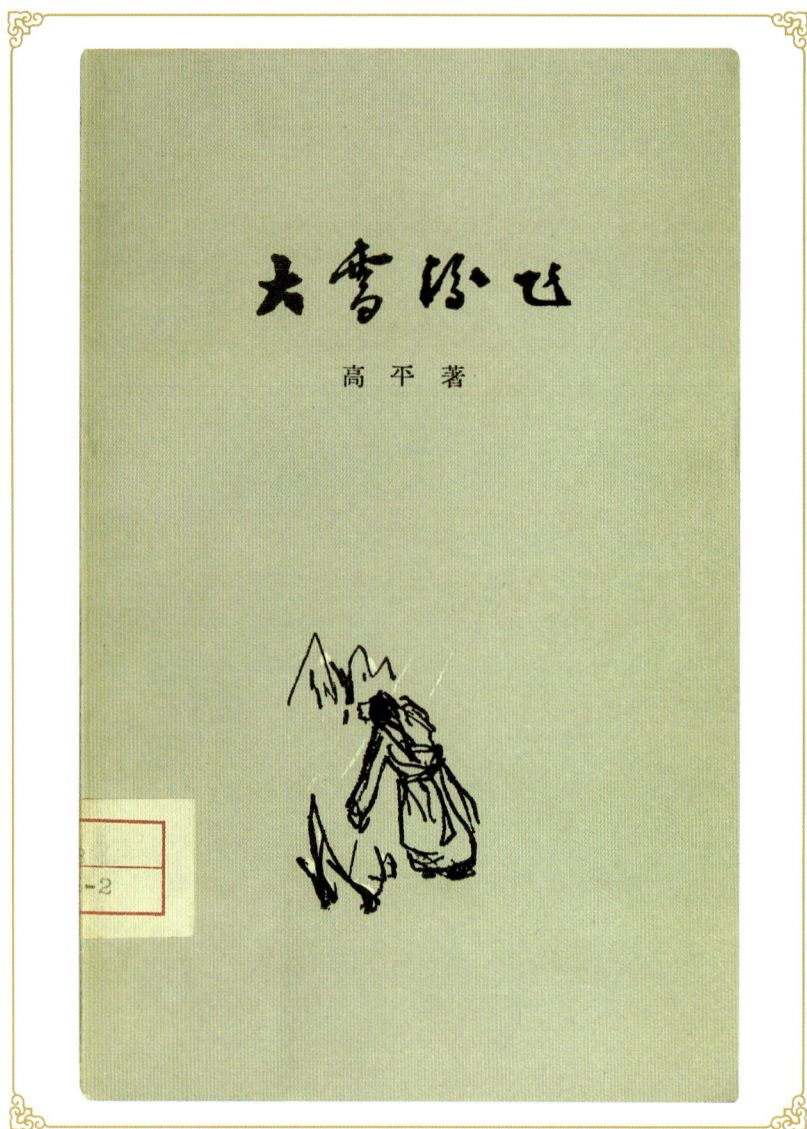

《大雪纷飞》 高平著

作家出版社1958年7月出版

半精 32开 书号 10020·862 定价 0.27 元

《天鹅仙女》 李乔整理

作家出版社1958年8月出版

平装 32开 书号 10020·1023 定价 0.15 元

《故乡》 沙鸥著

作家出版社1958年9月出版

半精 32开 书号 10020·998 定价 0.22 元

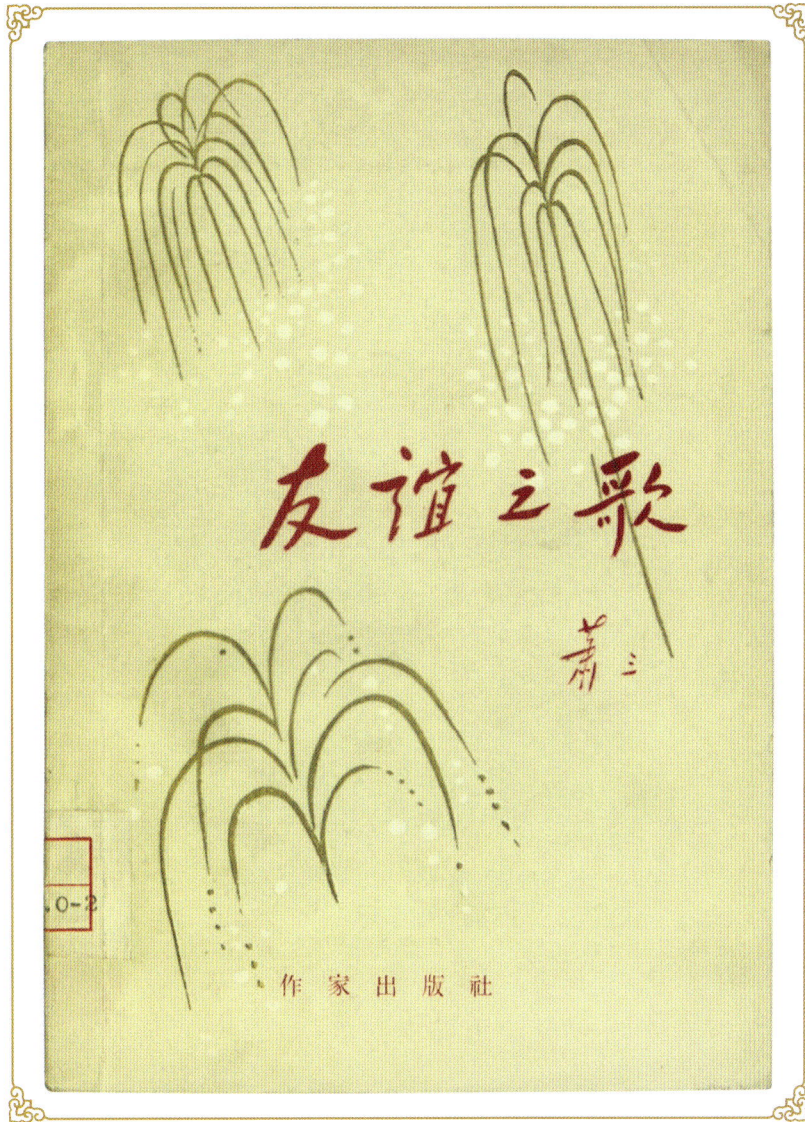

《友谊之歌》 萧三著

作家出版社1958年10月出版

平装 32开 书号 10020·1092 定价 0.49 元

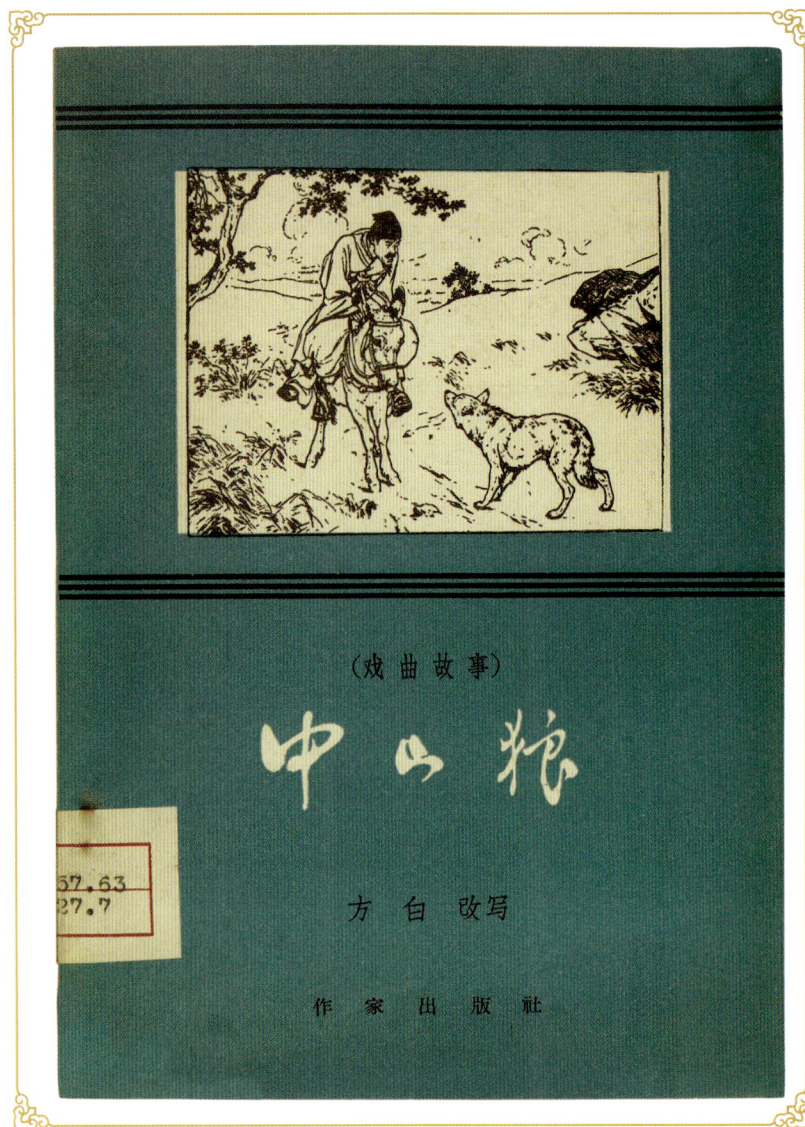

《中山狼》 方白改写

作家出版社1958年10月出版

平装 32开 书号 10020·1052 定价 0.12 元

野火春风斗古城

李英儒

3 0613 8167 3

作家出版社
一九五八年·北京

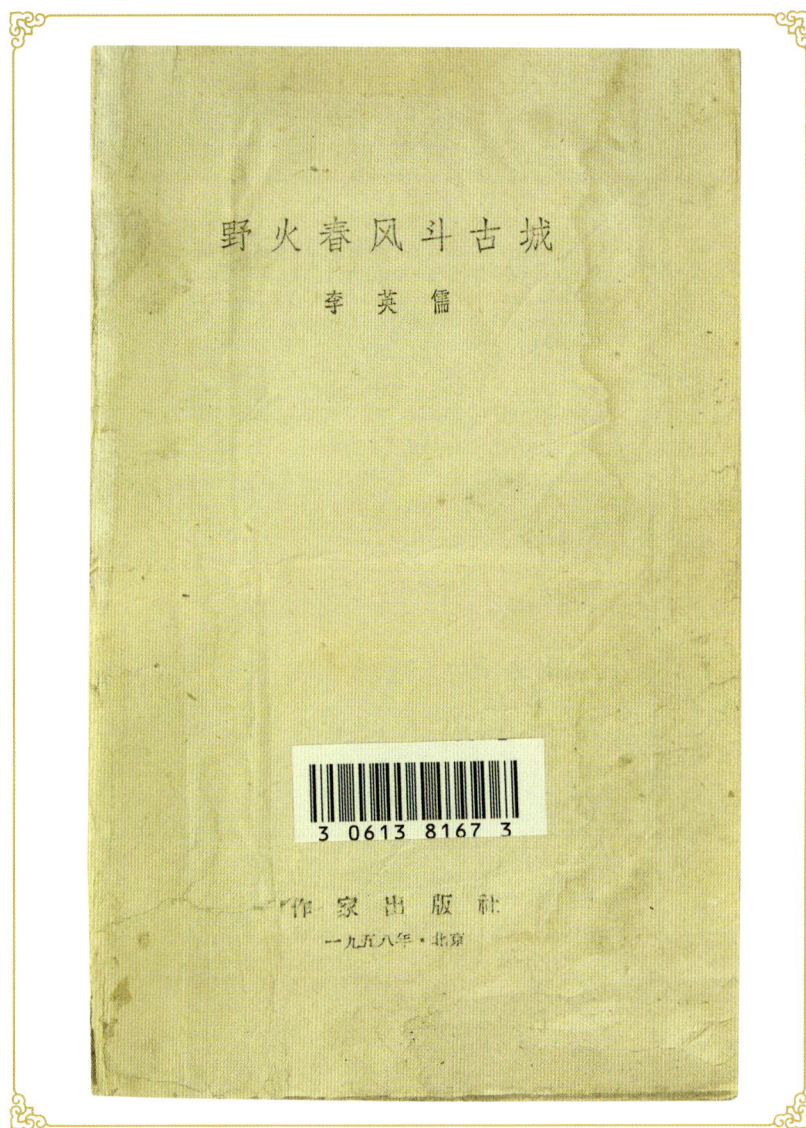

《野火春风斗古城》 李英儒著
作家出版社1958年12月出版
平装 大32开 书号 10020·1226 定价 1.20 元

《祖国！光辉的十月》　闻捷著
作家出版社1958年12月出版
平装　诗开　书号　10020·1142　定价 0.30 元

《跟随毛主席长征》 陈昌奉著
作家出版社1958年12月出版
平装 32开 书号 10020·1018 定价 0.20 元

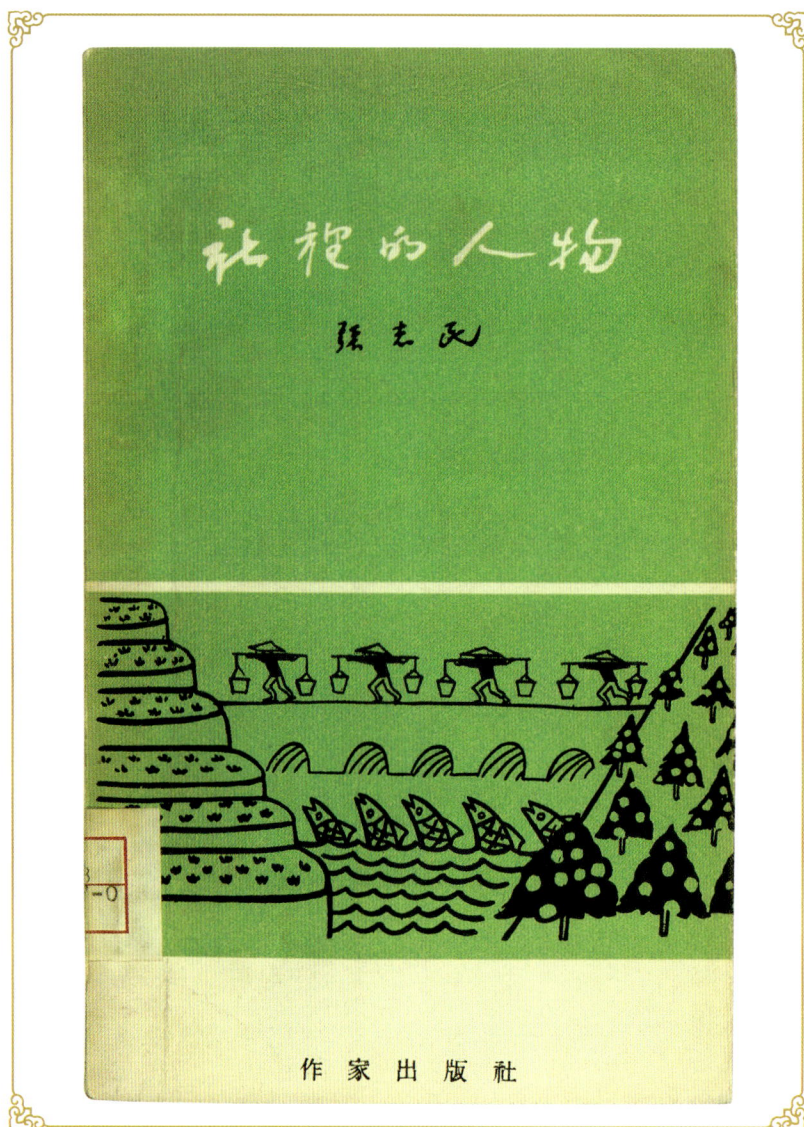

《社里的人物》 张志民著

作家出版社1959年1月出版

平装 诗开 书号 10020·1118 定价 0.45 元

《毛委员在连队建党》
"中国人民解放军三十年"征文编辑委员会编
作家出版社1959年2月出版
平装 32开 书号 10020·1209 定价 0.08 元

《鹏程万里》 郭小川著
作家出版社1959年4月出版
平装 诗开 书号 10020·1258 定价 0.30 元

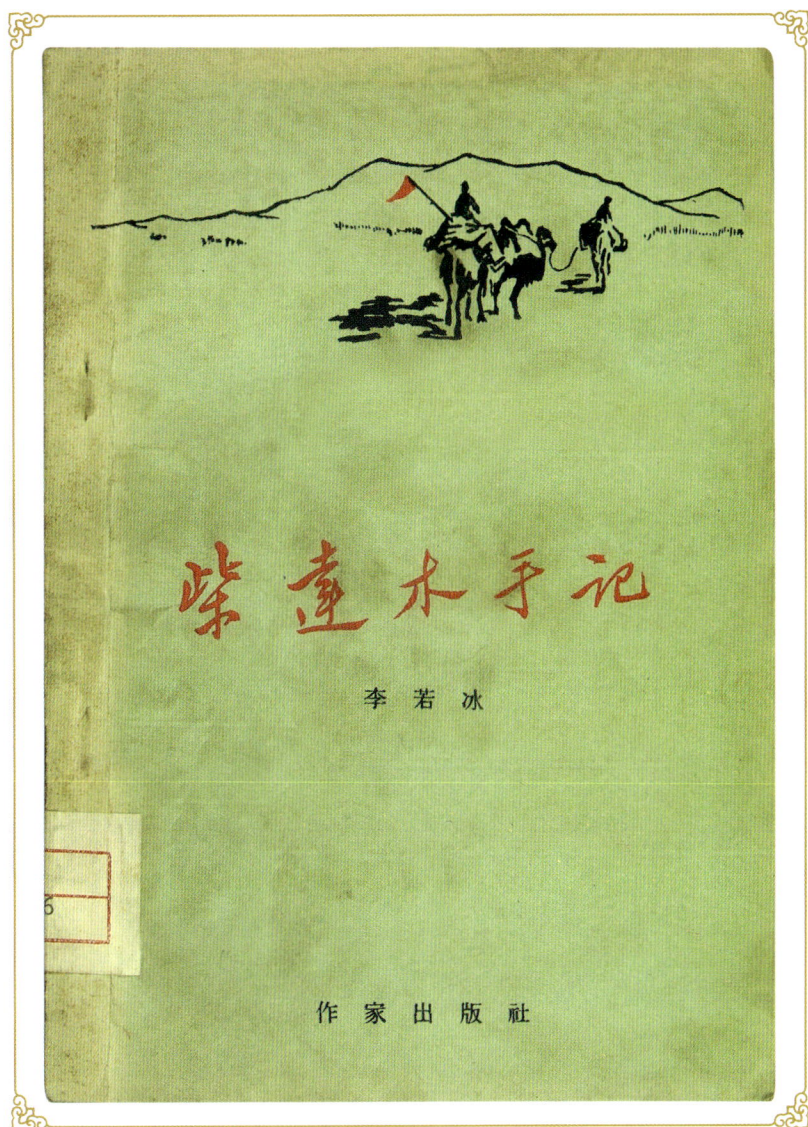

《柴达木手记》 李若冰著

作家出版社1959年4月出版

平装 32开 书号 10020·1253 定价 0.52 元

精装 定价 0.75 元

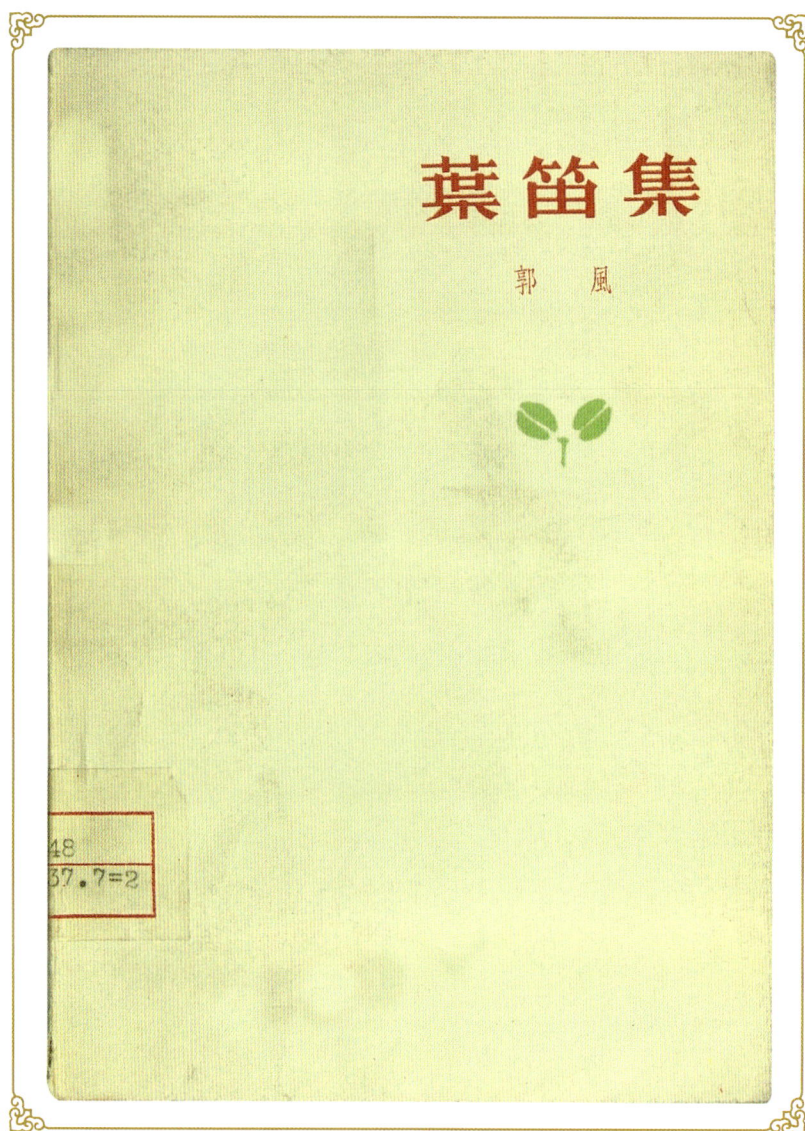

《叶笛集》 郭风著

作家出版社1959年4月出版

平装 32开异型 书号 10020·1117 定价 0.18 元

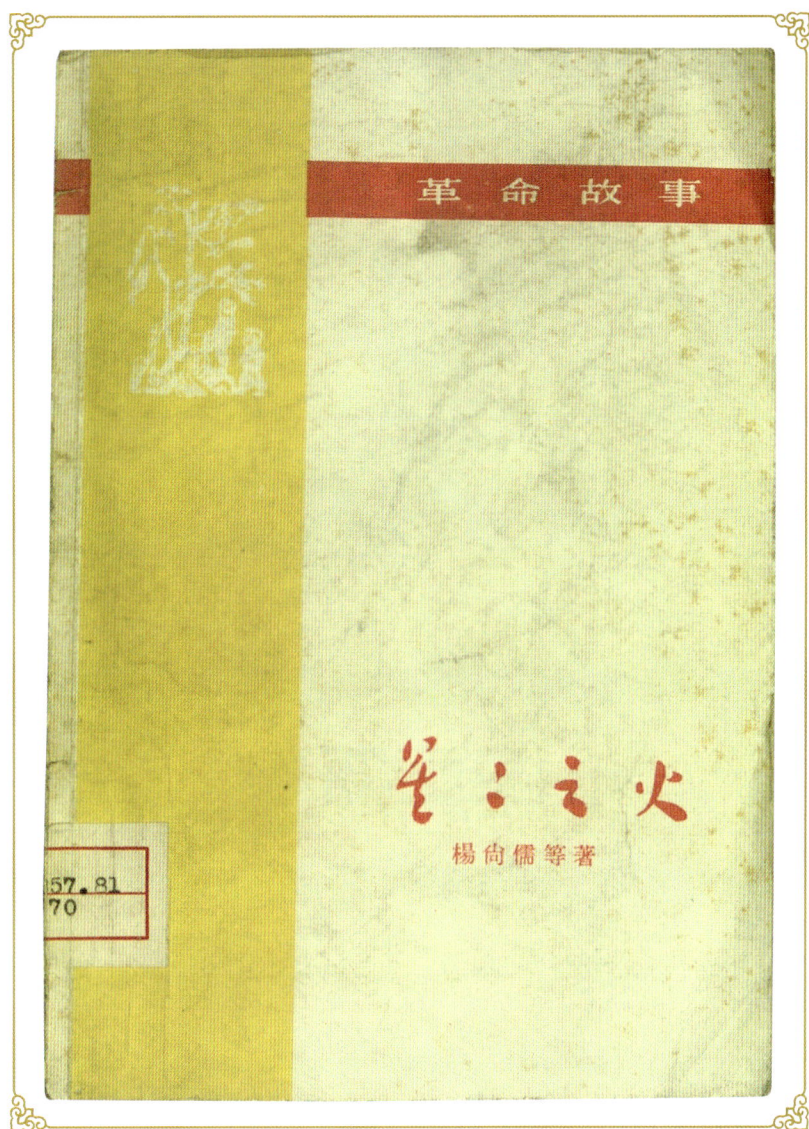

《星星之火》 杨尚儒等著
作家出版社1959年5月出版
平装 32开 书号 10020·1279 定价 0.15 元

《跟毛委员上井冈山》　黄永胜等著

作家出版社1959年5月出版

平装 32开 书号 10020·1283 定价 0.11 元

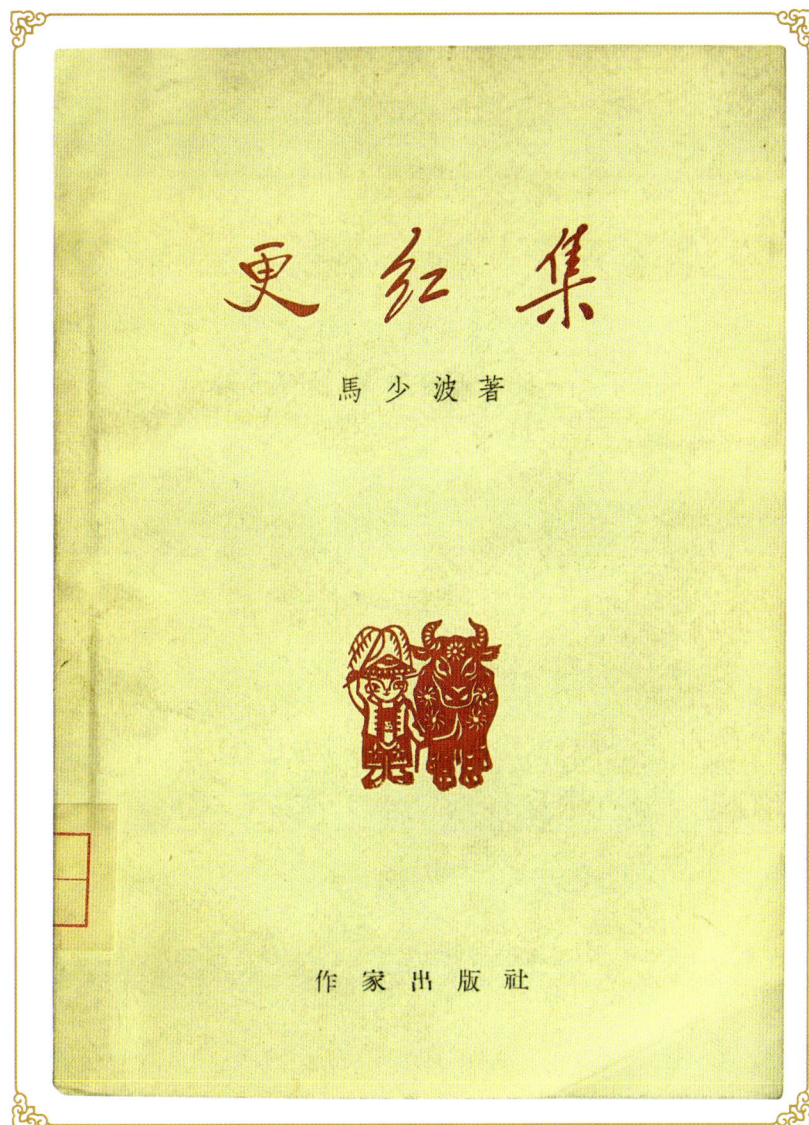

《更红集》 马少波著

作家出版社1959年6月出版

平装 32开 书号 10020·1334 定价 0.59 元

《故乡和亲人》 韦君宜等著

作家出版社1959年6月出版

平装 32开 书号 10020·1315 定价 0.51 元

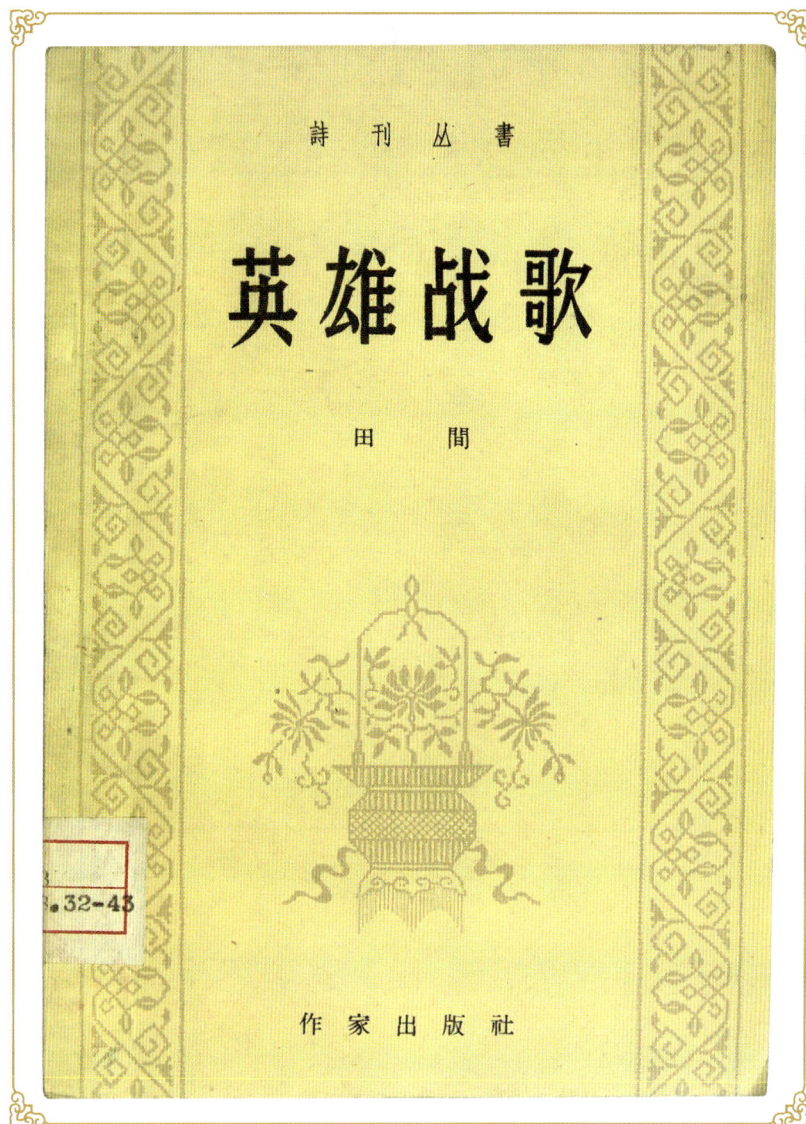

《英雄战歌》　田间著

作家出版社1959年6月出版

平装　32开　书号　10020·1312　定价 0.50 元

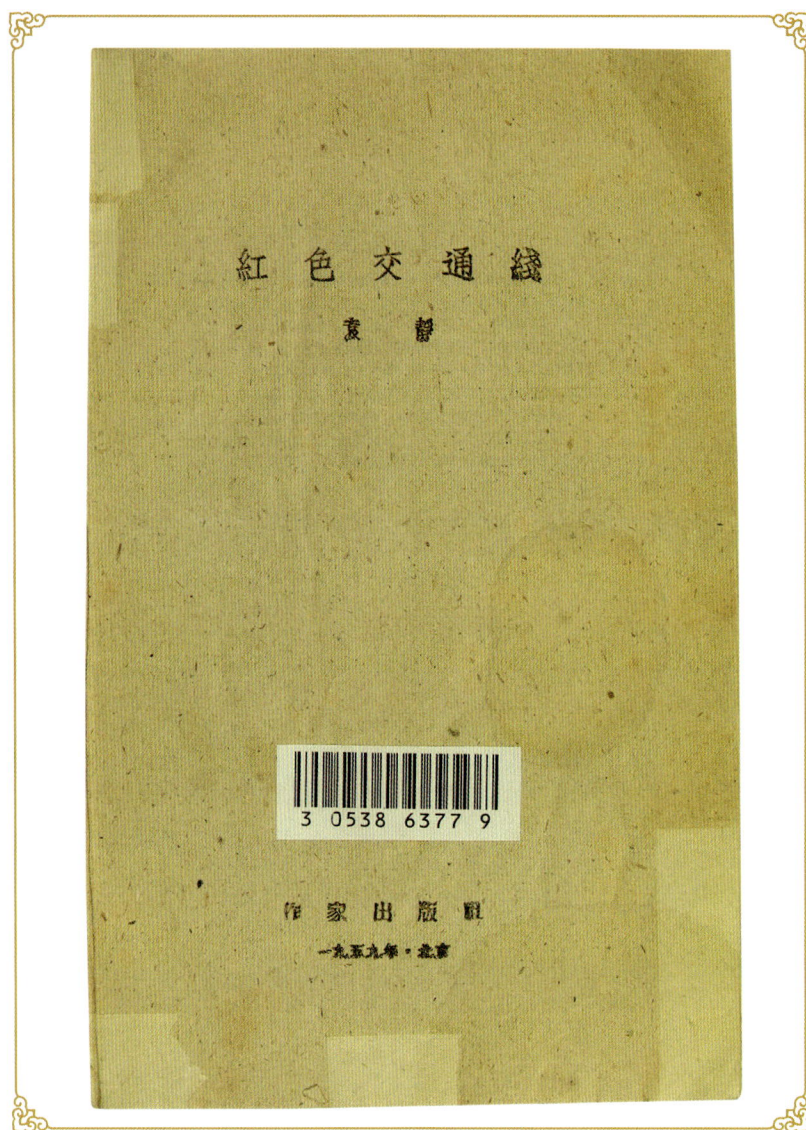

《红色交通线》 袁静著

作家出版社1959年6月出版

平装 大32开 书号 10020·1316 定价 0.69 元

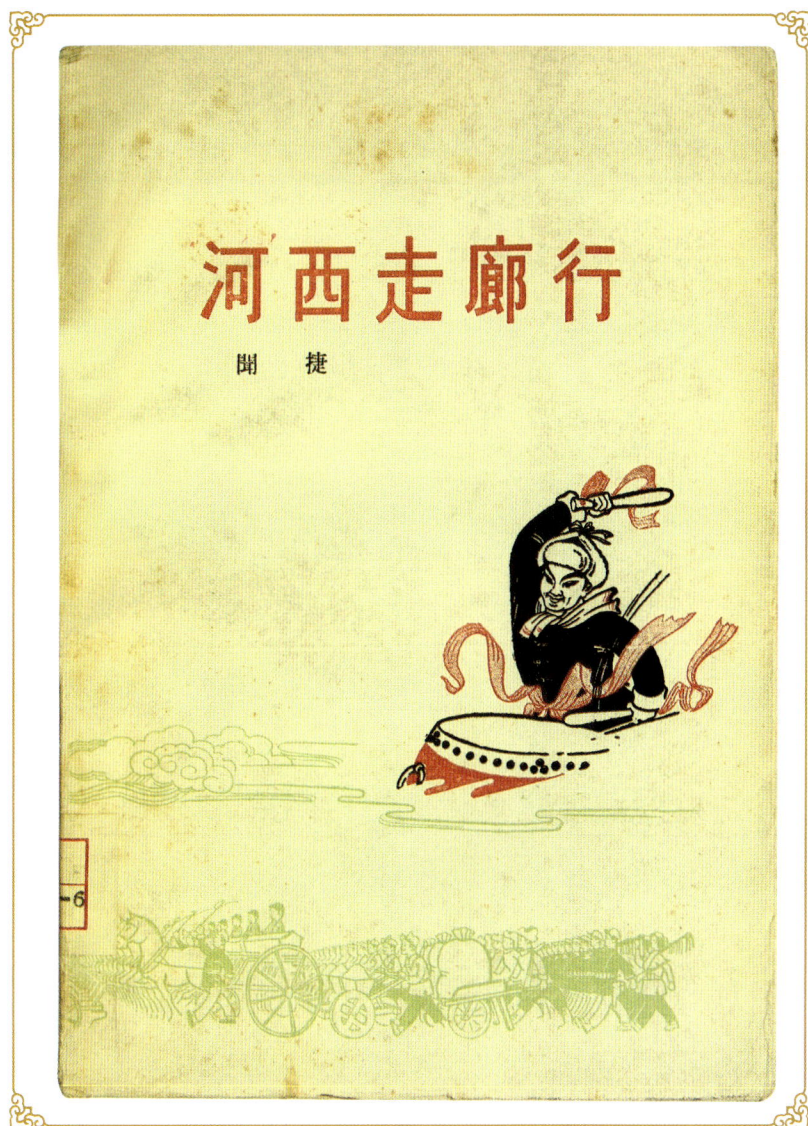

《河西走廊行》 闻捷著

作家出版社1959年7月出版

半精 32开 书号 10020·1320 定价 0.86 元

《双喜临门》 李逸民著

作家出版社1959年7月出版

平装 32开 书号 10020·1352 定价 0.49 元

《艰难的岁月》 杨尚奎著

作家出版社1959年8月出版

平装 32开 书号 10020·1329 定价 0.19 元

《科学诗》 高士其著
作家出版社1959年9月出版
半精 大32开 书号 10020·1343 定价 0.91 元

《早晨的太阳》 刘白羽著

作家出版社1959年9月出版

精装 大32开 书号 10020·1363 定价 0.83 元

平装 定价 0.55 元

平 原 枪 声

李晓明　韩安庆

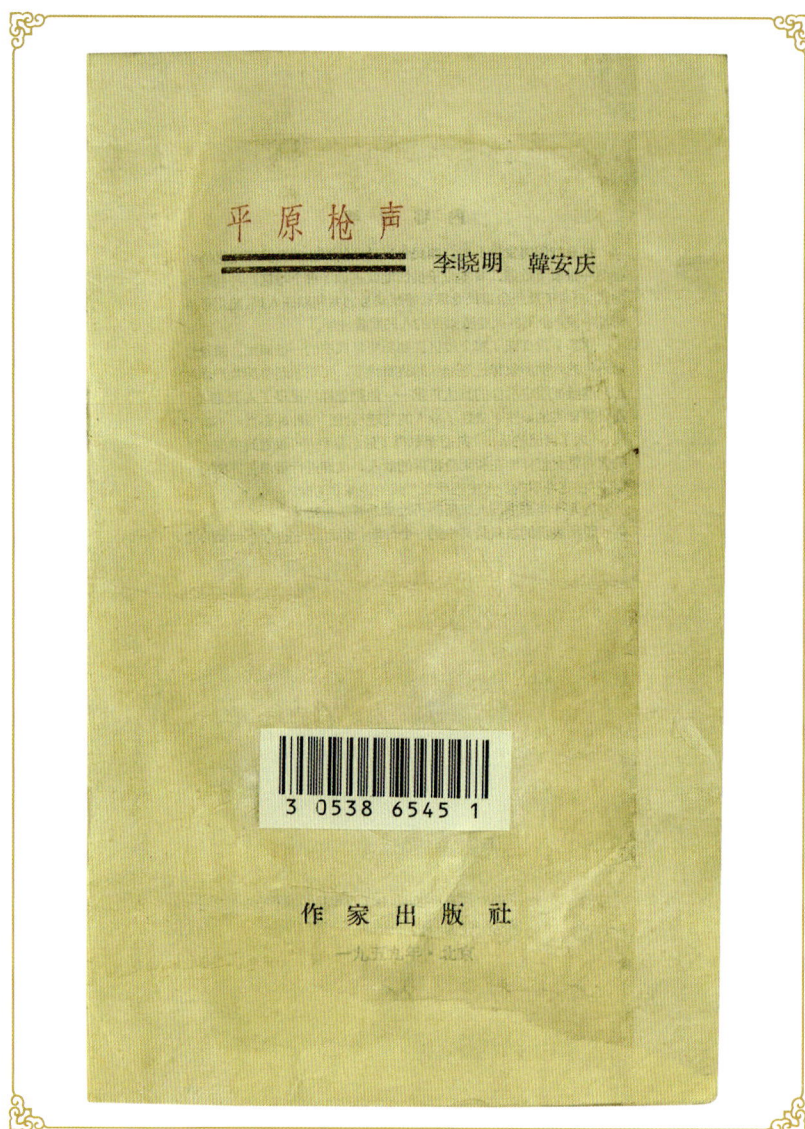

作 家 出 版 社

一九五九·北京

《平原枪声》　李晓明　韩安庆著

作家出版社1959年10月出版

平装　大32开　书号　10020·1373　定价 1.52 元

《夜走骆驼岭》 李准著
作家出版社1959年11月出版
平装 32开 书号 10020·1391 定价 0.41 元

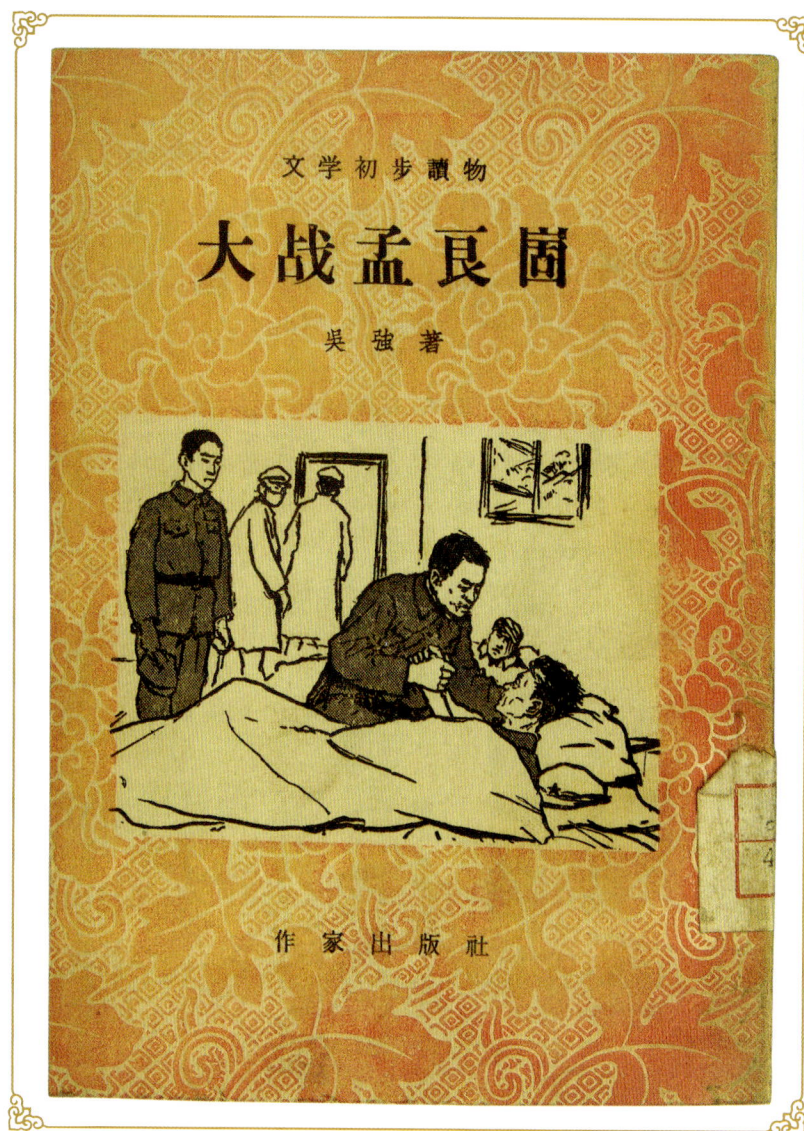

文学初步讀物

大战孟良崮

吴　强　著

作　家　出　版　社

《大战孟良崮》　吴强著

文学初步读物　作家出版社1959年12月出版

平装　46开　书号　10020·1224　定价 0.14 元

《飞筐》 林斤澜著
作家出版社1959年12月出版
平装 32开 书号 10020·1410 定价 0.54 元

《春姑娘和雪爷爷》 金近著

作家出版社1959年12月出版

平装 大32开 书号 10020·1390 定价 1.14 元

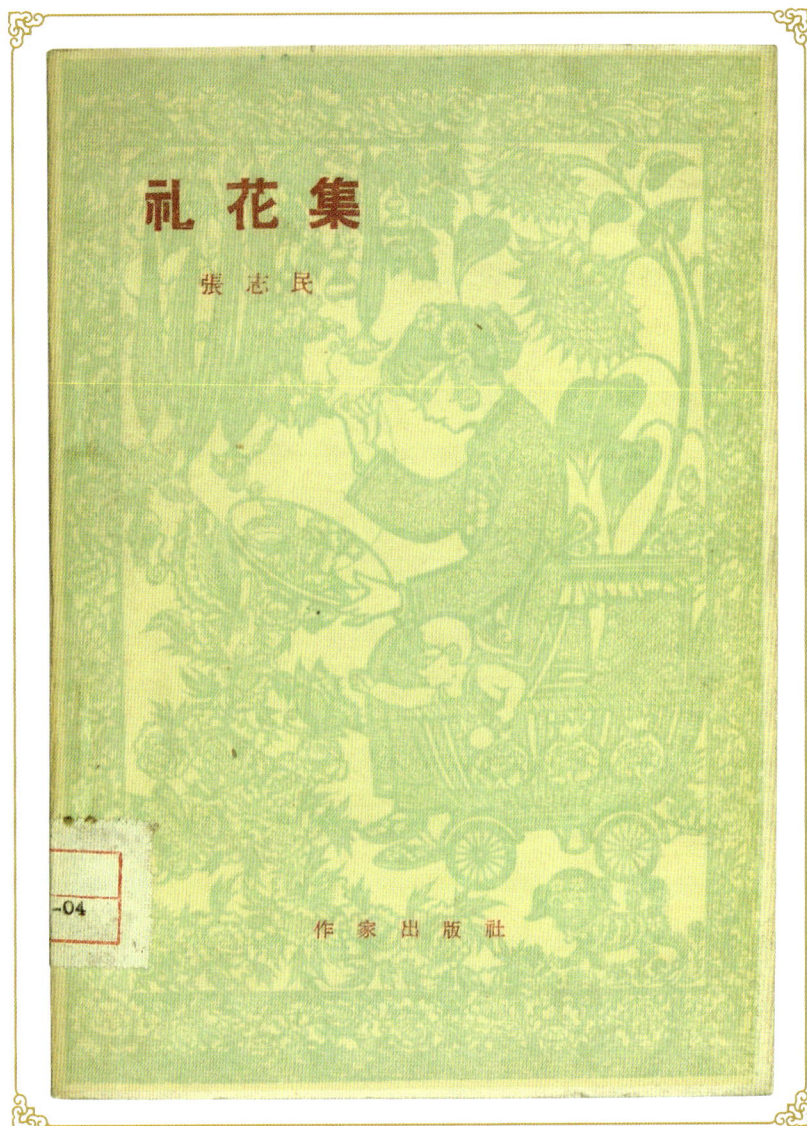

《礼花集》 张志民著
作家出版社1960年1月出版
平装 32开 书号 10020·1437 定价 0.49 元

《三峡灯火》 高缨著
作家出版社1960年3月出版
平装 32开 书号 10020·1449 定价 0.29 元

文艺作品选

第八辑

短篇小説

太陽剛剛出山

馬烽 刘澍德 等著

作家出版社

《太阳刚刚出山》 马烽著 刘澍德等著
文学初步读物 作家出版社1960年4月出版
平装 大32开 书号 10020·1454 定价 0.31 元
精装 定价 0.85 元

《莫斯科访问记》 刘白羽著
1960年4月作家出版社出版
平装 32开 书号 10020·1491 定价 0.57 元

《罗文应的故事》 张天翼著

作家出版社1960年5月出版

精装 15开 书号 10020·1506 定价 2.32 元

《矿山锣鼓》 孙友田著

作家出版社1960年9月出版

平装 诗开 书号 10020·1479 定价 0.35 元

《鲁迅回忆录》 许广平著

作家出版社1961年5月出版

平装 32开 书号 10020·1518 定价 0.50 元

精装 定价 1.40 元

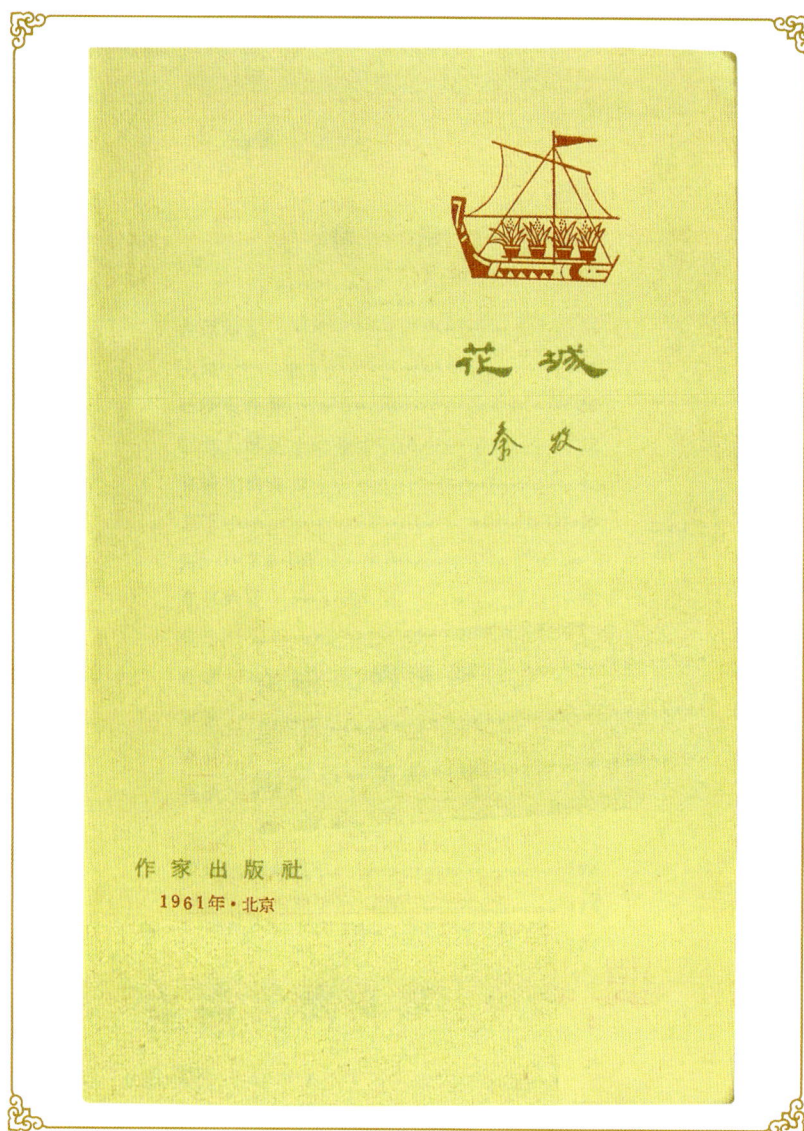

《花城》 秦牧著

作家出版社1961年7月出版

平装　36开　书号　10020·1520　定价 0.66 元

精装　定价 0.87 元

《火炬》　周而复著

作家出版社1961年9月出版

平装　大32开　书号　10020·1527　定价 0.66 元

精装　定价 0.94 元

《春天集》 吴晗著
作家出版社1961年12月出版
平装 大32开 书号 10020·1539 定价 0.85 元
精装 定价 1.15 元

《珠江岸边》 陈残云著

作家出版社1962年5月出版

平装 32开 书号 10020·1569 定价 0.61 元

精装 定价 0.82 元

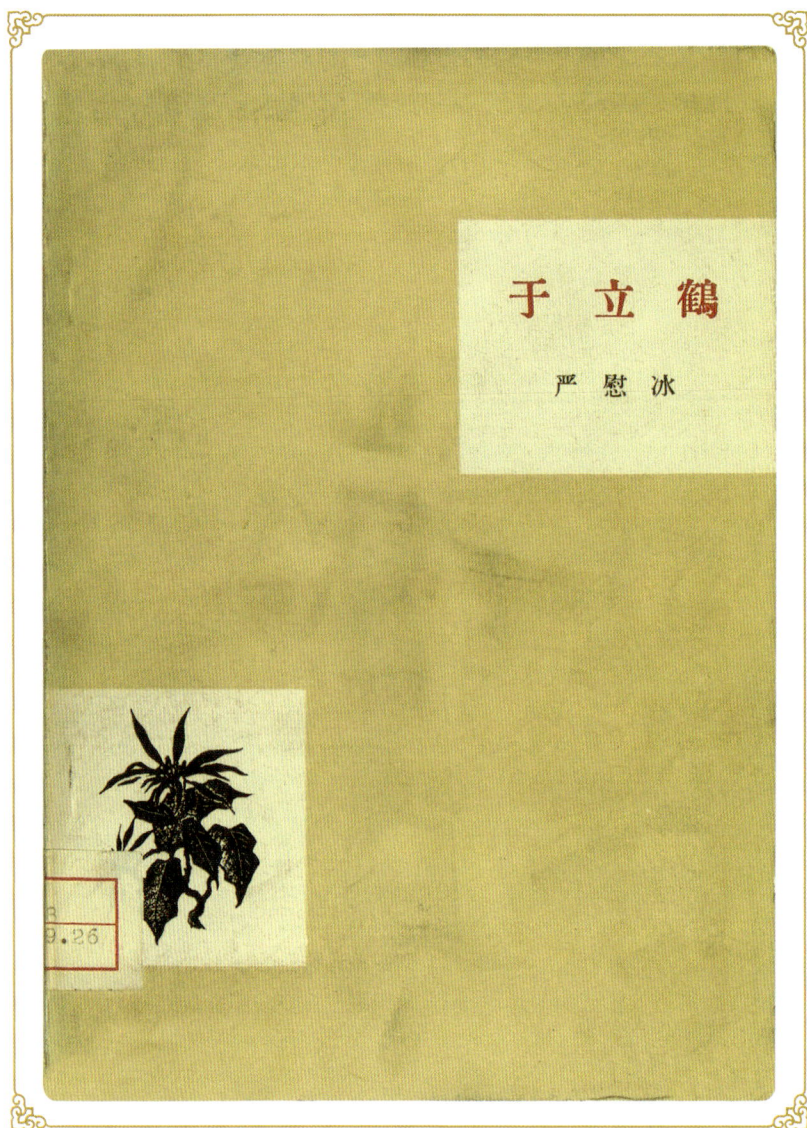

《于立鹤》　严慰冰著
作家出版社1962年11月出版
平装　32开　书号　10020·1604　定价 0.22 元

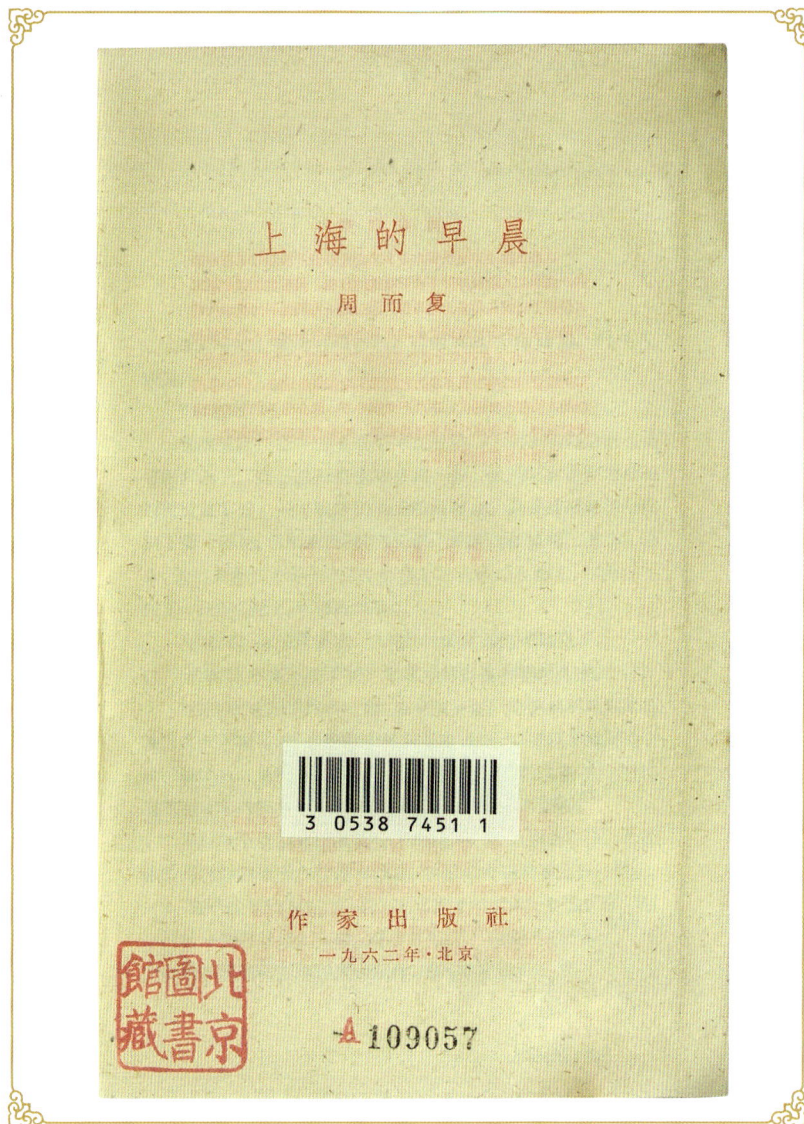

上 海 的 早 晨

周 而 复

作 家 出 版 社
一 九 六 二 年 · 北 京

Ａ109057

《上海的早晨》（二） 周而复著
作家出版社1962年12月出版
平装 大32开 书号 10020 · 1608 定价 1.95 元
精装 定价 2.85 元

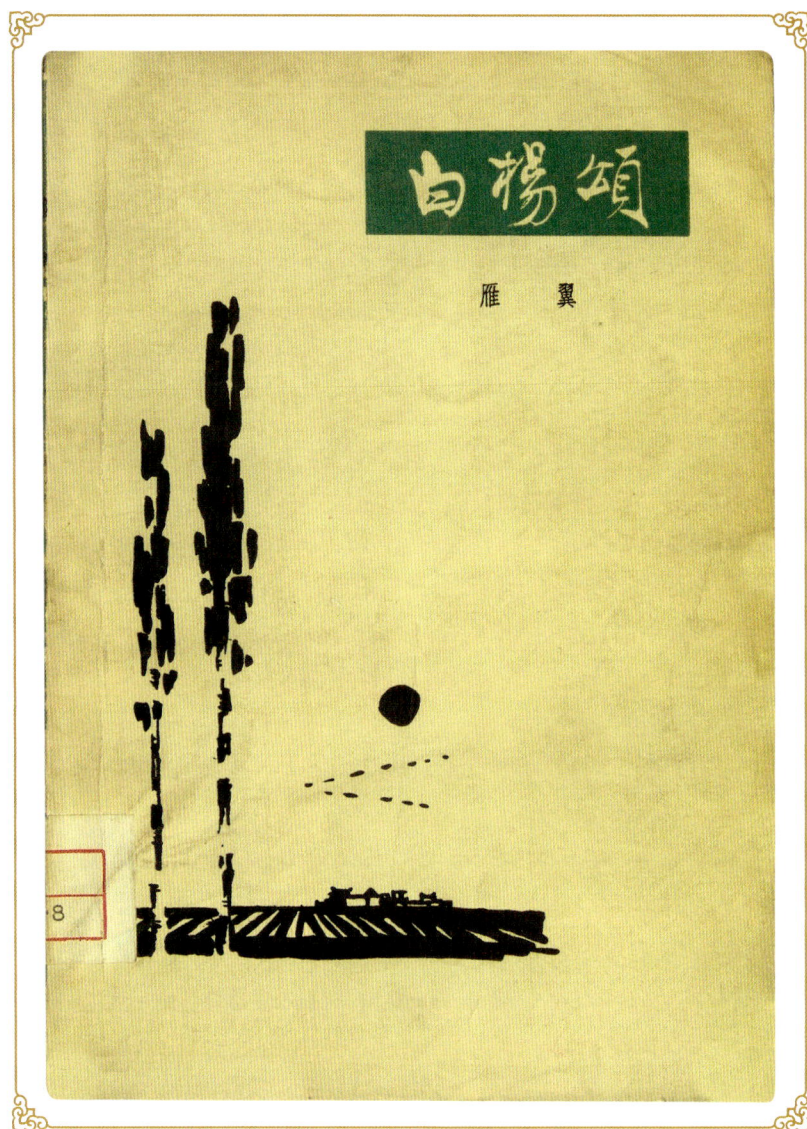

《白杨颂》 雁翼著

作家出版社1963年6月出版

平装 32开 书号 10020·1669 定价 0.56 元

精装 定价 0.80 元

《平原烈火》 徐光耀著
作家出版社1963年6月出版
平装 32开 书号 10020·1667 定价 0.59 元

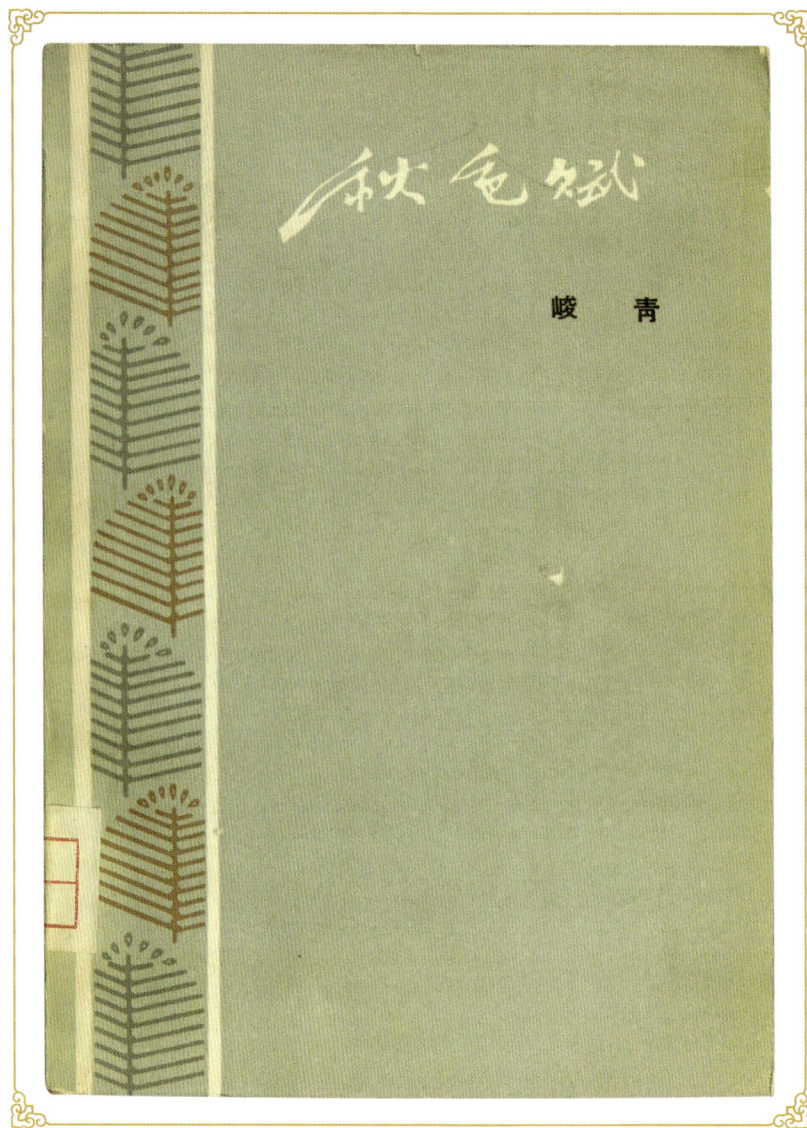

《秋色赋》 峻青著

作家出版社1963年7月出版

平装 32开 书号 10020·1670 定价 0.81 元

精装 定价 0.88 元

《山泉集》 梁上泉著
作家出版社1963年8月出版
平装 32开 书号 10020·1674 定价 0.58 元
精装 定价 0.81 元

《黎明风景》 魏巍 著
1963年9月作家出版社出版
平装 32开 书号 10020·1695 定价 0.51 元

《东方红》（上） 康濯著

作家出版社1963年10月出版

平装 大32开 书号 10020·1706 定价 2.35 元（上下两册）

《东方红》（下） 康濯著

作家出版社1963年10月出版

平装 大32开 书号 10020·1706 定价 2.35 元（上下两册）

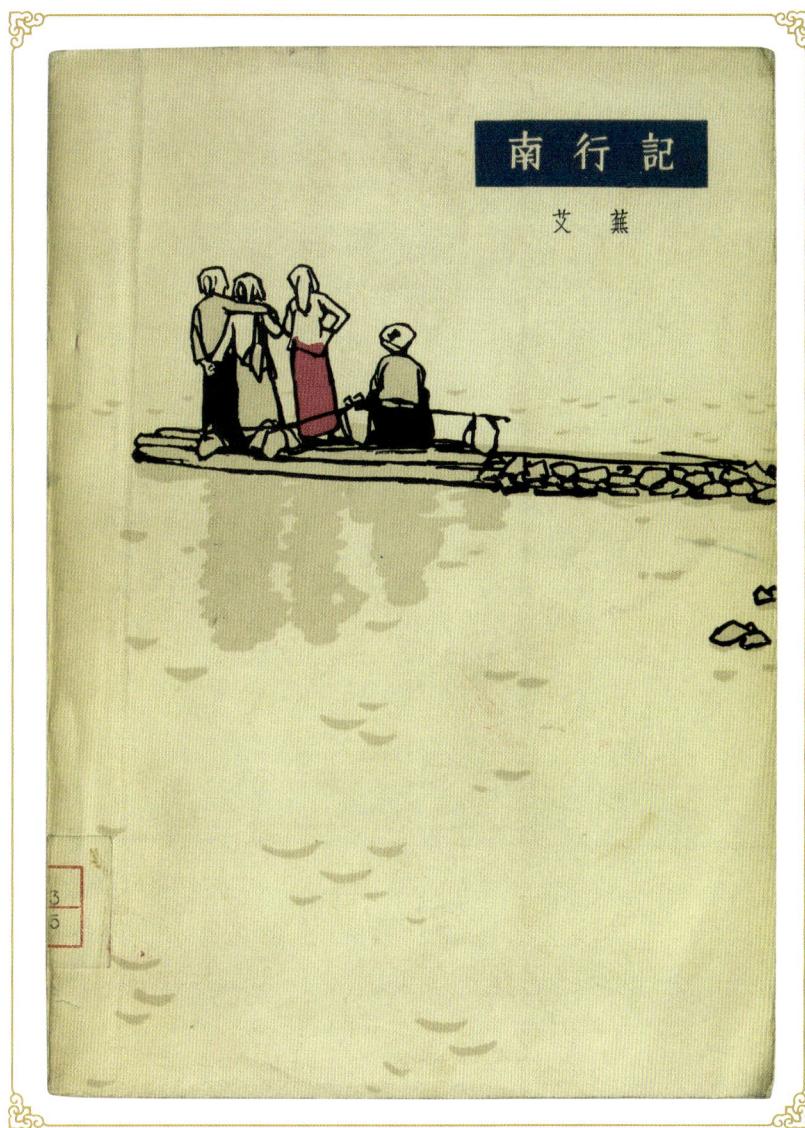

《南行记》 艾芜著

作家出版社1963年12月出版

平装 大32开 书号 10020·1717 定价 0.82 元

精装 定价 1.40 元

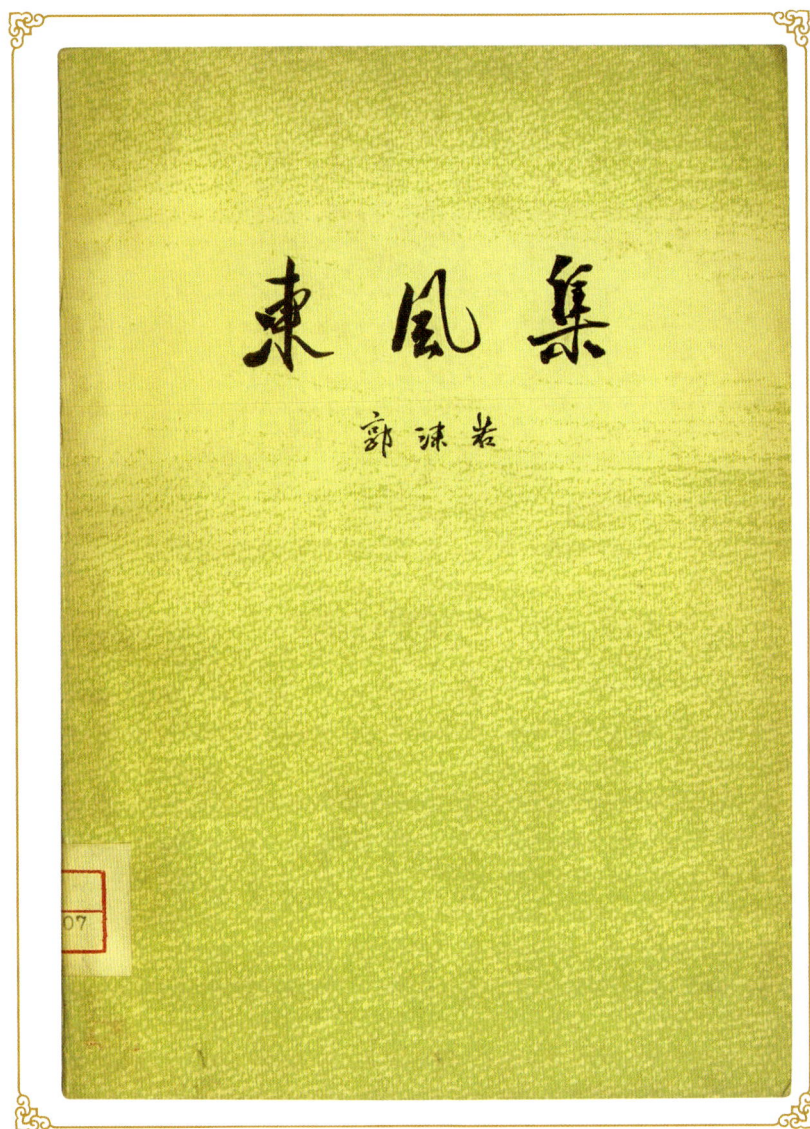

《东风集》 郭沫若著

作家出版社1963年12月出版

平装 大32开 书号 10020·1702 定价 1.00 元

精装 定价 1.55 元

特精 定价 2.00 元

《丰产记》 西戎著

作家出版社1963年12月出版

平装 32开 书号 10020·1710 定价 0.44 元

精装 定价 0.87 元

《西非日记》 杜宣著
作家出版社1964年3月出版
平装 32开 书号 10020·1748 定价 0.43 元
精装 定价 0.87 元